デザインあふれる森の国

フィンランドへ

最新版

ラサネン優子

JN067928

はじめに

　フィンランドは、森と湖の豊かな自然と人々が共存している国です。美しい自然と澄んだ空気は、この国を訪れる人々の心身を癒し、「また訪れたい」と思わせてくれます。ゆったりとした時間が流れ、ちょっとシャイだけれど親切な人々が迎えてくれます。

　国連が発表する「世界幸福度ランキング」で2018年より6年連続で1位となり、「幸せの国」として注目されているフィンランド。日本人にも馴染み深いムーミンやサンタクロース発祥の国であり、マリメッコやイッタラをはじめとするデザイン、アアルトなどの建築、そしてサウナなど、魅力的なカルチャーにあふれた国でもあります。

　この本では、私が普段から足しげく通うお気に入りのカフェやレストランをはじめ、家族や友人が来たら案内したい、とっておきの場所を厳選してご紹介しています。ヘルシンキやラップランドに加え、フィンランドの小さな田舎町の魅力にも触れています。

　旅の限られた時間のなかでは、つい予定を詰め込んでしまいがちですが、1日はゆっくりと森のなかで自然を体験する時間を持つことで、フィンランドの良さを存分に感じられると思います。

　本書が日本のみなさんに、フィンランドのことをより一層知っていただく機会となり、そして、素敵な旅の思い出づくりのお手伝いができればうれしいです。

Contents

※本書掲載のデータは2023年3月現在のものです。店舗の移転、閉店、価格改定などにより実際と異なる場合があります。
※フィンランドでは日照時間の変動が大きいため、店舗などの営業時間、定休日は夏季と冬季で異なる場合があります。
※郊外の町の小さな店舗ではとくに休みや営業時間が不規則な場合があります。お出かけの際は事前にウェブサイトで確認されることをおすすめします。
※「無休」と記載している店舗でも、年末年始など一部の祝祭日は休業する場合があります。
※ヘルシンキのトラムは路線番号やルートが変更されることが多いため、現地で最新情報をご確認ください。

Data

フィンランドの基本情報

正式国名	フィンランド共和国 Suomen tasavalta(Suomi)（フィンランド語） Republic of Finland（英語）
面積	33万8449k㎡（日本よりやや小さい）
首都	ヘルシンキ（Helsinki）
人口	約556万人（2023年3月時点）
政治体制	共和制
主要産業	林業、製紙業、金属、電気・電子機器
宗教	キリスト教（福音ルーテル派、正教会）
民族	フィンランド人、スウェーデン人、サーメ人
公用語	フィンランド語、スウェーデン語
通貨	ユーロ€（€1＝約143円／2023年3月現在）
日本との時差	7時間（サマータイム期間は6時間） サマータイムは毎年3月最終日曜午前3時から、10月最終日曜午前4時まで。
国番号	358 日本からの国際電話は、「358」のあとに相手の電話番号の最初の「0」をのぞいてかける。
国旗	雪をイメージした白地に、空と水（湖）を象徴する青の十字が入っている。

Rovaniemi
ロヴァニエミ ▶ P.130

Norway
ノルウェー

Sweden
スウェーデン

Finland
フィンランド

Russia
ロシア

Isokyrö
イソキュロ

Lapua
ラプア

Jyväskylä
ユヴァスキュラ
▶ P.11（MAP）

Seinäjoki
セイナヨキ
▶ P.11（MAP）

Tampere
タンペレ ▶ P.116

Ainola
アイノラ ▶ P.124

Saimaa
サイマー湖

Pohjanlahti
ボスニア湾

Mathildedal
マティルデダル ▶ P.106

Hämeenlinna
ハメーンリンナ

Porvoo
ポルヴォー ▶ P.120

Fiskars
フィスカルス ▶ P.96

Vantaa
ヴァンター

Helsinki
ヘルシンキ P.16

Kirkkonummi
キルッコヌンミ

Espoo
エスポー

Itämeri
バルト海

Estonia
エストニア

1 2

ヘルシンキ広域MAP

A

1

Munkkiniemi
ムンキニエミ

Alvar Aallon ateljee ●
アアルト・アトリエ ▶ P.137

Alvar Aallon kotitalo
アアルト自邸 ▶ P.137

Paciuksenkaari
パシウクセンカーリ

Laajalahti
ラーヤラハティ湾

Meilahdentie
メイラハデンティエ

Meilahti
メイラハティ

Kansaneläkelaitos (Kela)
国民年金協会ビル (ケラ) ▶ P.136　　Meilahden Sairaala ■
メイラハティ病院

Ruskeasuo
ルスケアスオ

E12

Ilmala
イルマラ駅

Pasila
パシラ

Pasila
パシラ駅

Pasilan konepaja
パシラン・コネパヤ

Corona Baari & Biljardi
コロナ・バーリ・アンド・ビリヤルディ ▶ P.75

Töölön tulli
トーロン・トゥッリ

Bolt Arena
ボルト・アレナ (サッカースタジアム)

Linnanmäki
リンナンマキ遊園地

Kimmontie
キンモンティエ

Käpylä
キャピュラ

B

Didrichsenin taidemuseo
ディドリクセン美術館 ▶ P.29

Kuusisaari
クーシサーリ

Kuusisaarenkuja
クーシサーレンクヤ

Villa Gyllenberg
ヴィラ・ギレンバーグ美術館

Café Signe
カフェ・シグネ ▶ P.59

Seurasaari
セウラサーリ

Seurasaarenselkä
セウラサーリ湖

← エスポー (Espoo) へ

HelsinginOlympiastadion
ヘルシンキ・オリンピック・スタジアム P.161

Töölön halli
トーロンハッリ

Talvipuutarha
ウィンター・ガーデン

Kaupunginpuutarha
カウプンギンプータルハ

Töölön kirjasto
トーロ図書館 ▶ P.33

Sibeliuksen puisto
シベリウス公園 ▶ P.89

Töölö
トーロ

Oopera
オペラ

Toolonlahti
トーロ湖

Cafe Regatta
カフェ・レガッタ ▶ P.89

Töölöntori
トーロントリ

Ravintola Kuu
ラヴィントラ・クー ▶ P.67

ヘルシンキ中部MAP ▶ P.8-9

E12

Helsingin päärautatieasema
ヘルシンキ中央駅

Kamppi
カンピ

Rautatientori
ラウタティエントリ

Koivusaari
コイヴサーリ

Patisserie Teemu Aura Lauttasaari
パティスリー・テーム・アウラ・ラウッタサーリ店 P.59

Lauttasaari
ラウッタサーリ

Ruoholahti
ルオホラハティ

Hernesaari
ヘルネサーリ

Eira
エイラ

Länsiterminaali
西フェリーターミナル

Eiranranta
エイランランタ

Löyly Helsinki
ロウリュ・ヘルシンキ ▶ P.79

C

博物館、美術館、図書館、その他 🏛　カフェ、スイーツ ☕　レストラン 🍴　バー 🍸

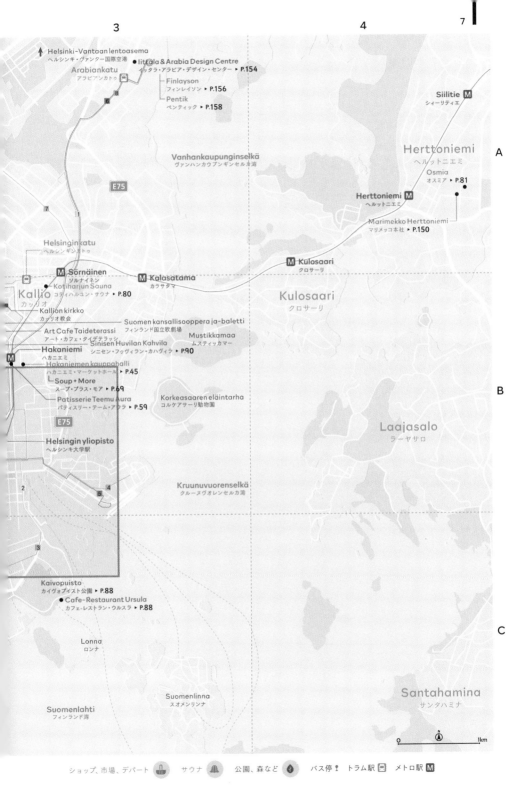

1　　　　　2

ヘルシンキ中心部MAP

10 4
Pikku-Finlandia ■
ピック・フィンランディア
Finlandia Café & Wine ■ ▶P.69
フィンランディア・カフェ＆ワイン

1

Apollonkatu
アポロンカトゥ
2
● Ravintola Elite
ラヴィントラ・エリート ▶P.68

Finlandia-talo ■
フィンランディア・ホール ▶P.136

Kansallismuseo
カンサリスムセオ
Suomen kansallismuseo ■
フィンランド国立博物館 P.161

Rautatientori
ラウタティエントリ

A

Töölö
トーロ
● Levain Töölö
レヴァイン・トーロ店 ▶P.58

Oodi Helsingin keskustakirjasto ■
オーディ・ヘルシンキ中央図書館 ▶P.30

Temppeliaukion kirkko ▲
テンペリアウキオ教会 ▶P.20

Musiikkitalo ■
ミュージックセンター P.161

Linja-autoasema
市バスターミナル（西）

Sammonkatu
サンモンカトゥ

Eduskunta
国会議事堂（エドゥスクンタ）P.161

Sokos ■
ソコス・デパート

Helsingin
päärautatieasema
ヘルシンキ中央駅

Posti Postitalo
郵便局 ▶P.160

Helsingin Taidehalli ▶P.27
ヘルシンキ・タイデハッリ

Kiasma ■
キアズマ（ヘルシンキ現代美術館）

Luonnontieteellinen museo
ヘルシンキ自然史博物館

Moomin Shop Lasipalatsi ■
ムーミンショップ・ラシパラツィ

Hanken ハンケン

Luonnontieteellinen museo ■
ルオンノンティエテーリネン・ムセオ

Amos Rex ▶P.24
アモス・レックス

Alko Helsinki keskusta Arkadia
アルコ・アルカディア店

Johanna Gullichsen Lasipalatsi ■
ヨハンナ・グリクセン・ラシパラツィ店 ▶P.148

Narinkkatori
ナリンカトリ広場

Hotel Helka ホテル・ヘルカ ▶P.87

Komppi
カンピ M

Lasipalatsi
ラシパラツィ

HAM Helsingin taidemuseo
ヘルシンキ市立美術館（HAM）

Simonkatu
シモンカトゥ

Kamppi linja-autoasema
カンピ長距離バスターミナル（ポルヴォー行きなど）

Pohjoinen Rautatiekatu

Simonkatu
シモンカトゥ

Kauppakeskus Kamppi
カンピ・ショッピングセンター

Kampin kappeli ▲
カンピ礼拝堂 ▶P.23

Forum
フォーラム
（ショッピングセンター）

Yrjönkadun uimahalli
ウルヨンカツ・スイミングプール

Kampintori
カンピントリ

Fredrikinkatu
フレドリキンカトゥ通り

Hotel Finn ホテル・フィン ▶P.87

Kamppi
カンピ

Ruohonjuuri Mansku
ルオホンユーリ・マンスク店 ▶P.47

Marski by Scandic
マルスキ・バイ・スカンディック ▶P.83

Ylioppilastalo
ウリオッピラスタロ

Hotel St. George
ホテル・セントジョージ ▶P.85

Vanha kirkko ▲
オールドチャーチ P.161

Vanha kirkkopuisto
オールドチャーチ公園

Ekberg Café
エクベリ・カフェ ▶P.57

GLO Hotel Art
グロ・ホテル・アート ▶P.84

Fredrikinkatu
フレドリキンカトゥ通り

Helsinki Contemporary ▶P.38
ヘルシンキ・コンテンポラリー

Hietalahti
ヒエタラハティ

Nide ▶P.38
ニデ P.38

Ruoholahti
ルオラハティ M

Uudenmaankatu

Lönnrotinkatu

Ravintola Nolla
ラヴィントラ・ノッラ ▶P.65

Hietalahden kauppahalli
ヒエタラハティ・マーケットホール ▶P.46

Bulevardi

Andante アンダンテ ▶P.38

Iso Roobertinkatu イソ・ローベルティンカトゥ

Papershop ペーパーショップ ▶P.43

Hietalahdentori
ヒエタラハデントリ

Punavuori
プナヴオリ

Relove
リラブ P.38

Jätkäsaari
ヤトカサーリ

C

Fredrikintori
フレドリキントリ広場

Huutokonttori
フートコンットリ

Lokal
ロカル ▶P.40

● Clarion Hotel Helsinki
クラリオン・ホテル・ヘルシンキ ▶P.86

Merimiehenkatu

Ravintola
Kamome
かもめ食堂

Uusi sauna
ウーシ サウナ ▶P.78

Tyynenmerenkatu

Levain Merikortteli
レヴァイン・メリコルッテリ店 P.58

Pursimiehenkatu

Mannerheimintie

Runeberginkatu

Fredrikinkatu

Annankatu

大聖堂、教会　　博物館、美術館、図書館、その他　　カフェ、スイーツ　　レストラン　　バー

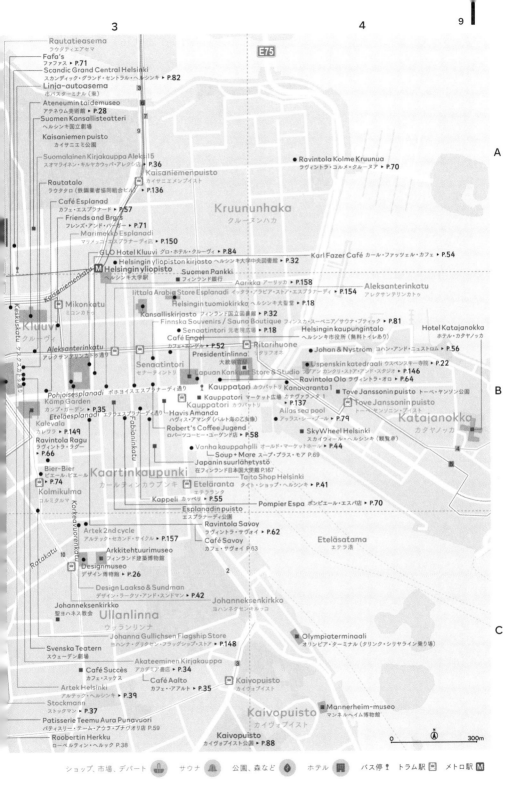

E75

Rautatieasema
ラウタティエアセマ
Fafa's
ファファス ▸ P.71
Scandic Grand Central Helsinki
スカンディック・グランド・セントラル・ヘルシンキ ▸ P.82
Linja-autoasema
市バスターミナル（東）
Ateneumin taidemuseo
アテネウム美術館 ▸ P.28
Suomen Kansallisteatteri
ヘルシンキ国立劇場
Kaisaniemen puisto
カイサニエミ公園
Suomalainen Kirjakauppa Aleksi15
スオマライネン・キルヤカウッパ・アレクシ15店 ▸ P.36
Rautatalo
ラウタタロ（鉄鋼業者協同組合ビル）▸ P.136
Café Esplanad
カフェ・エスプラナード ▸ P.57
Friends and Brgrs
フレンズ・アンド・バーガー ▸ P.71
Marimekko Esplanadi
マリメッコ エスプラナーディ店 ▸ P.150
GLO Hotel Kluuvi グロ・ホテル・クルーヴィ ▸ P.84
Helsingin yliopiston kirjasto ヘルシンキ大学中央図書館 ▸ P.32
M Helsingin yliopisto
ヘルシンキ大学駅
Suomen Pankki
フィンランド銀行
Aarikka アーリッカ ▸ P.158
Iittala Arabia Store Esplanadi イッタラ・アラビア・ストア・エスプラナーディ ▸ P.154
Helsingin tuomiokirkko ヘルシンキ大聖堂 ▸ P.18
Kansalliskirjasto フィンランド国立図書館 ▸ P.32
Finnska Souvenirs / Sauna Boutique フィンスカ・スーベニア/サウナ・ブティック ▸ P.81
Senaatintori 元老院広場 ▸ P.18
Café Engel
カフェ・エンゲル ▸ P.52
Ritarihuone
リタリフオネ
Presidentinlinna
大統領官邸
Lapuan Kankurit Store & Studio ラプアン カンクリ・ストア・アンド・スタジオ ▸ P.146
Kauppatori カウッパトリ
Kauppatori マーケット広場 カナヴァランタ 1
▸ P.137
Havis Amanda
ハヴィス・アマンダ（バルト海の乙女像）
Robert's Coffee Jugend
ロバーツコーヒー・ユーゲンド店 ▸ P.58
Vanha kauppahalli オールド・マーケットホール ▸ P.44
Soup + More スープ・プラス・モア P.69
Japanin suurlähetystö
在フィンランド日本国大使館 ▸ P.167
Taito Shop Helsinki
タイト・ショップ・ヘルシンキ ▸ P.41
Eteläranta
エテラランタ
Kappeli カッペリ ▸ P.55
Esplanadin puisto
エスプラナーディ公園
Artek 2nd cycle アルテック・セカンド・サイクル ▸ P.157
Arkkitehtuurimuseo
フィンランド建築博物館
Designmuseo
デザイン博物館 ▸ P.26
Design Laakso & Sundman
デザイン・ラークソ・アンド・スンドマン ▸ P.42
Johanneksenkirkko
聖ヨハネス教会
Johanna Gullichsen Flagship Store
ヨハンナ・グリクセン・フラッグショップ・ストア ▸ P.148
Svenska Teatern
スウェーデン劇場
Akateeminen Kirjakauppa
アカデミア書店 ▸ P.34
Café Succès
カフェ・スクセス ▸ P.34
Café Aalto
カフェ・アアルト ▸ P.35
Artek Helsinki
アルテック・ヘルシンキ ▸ P.39
Stockmann
ストックマン ▸ P.37
Patisserie Teemu Aura Punavuori
パティスリー・テーム・アウラ プナヴオリ店 P.59
Roobertin Herkku
ローベルティン・ヘルック P.38

Pohjoisesplanadi
ポホヨイスエスプラナーディ通り
Kämp Garden
カンプ・ガーデン ▸ P.35
Eteläesplanadi
エテラエスプラナーディ通り
Kalevala
カレワラ ▸ P.149
Ravintola Ragu
ラヴィントラ・ラグー
▸ P.66
Bier-Bier
ビエール・ビエール
▸ P.74
Kolmikulma
コルミクルマ

Mikonkatu
ミコンカトゥ
Kluuvi
クルーヴィ
Aleksanterinkatu
アレクサンテリンカトゥ通り
Kaartinkaupunki
カールティンカウプンキ

Kaisaniemenpuisto
カイサニエメンプイスト
Kruununhaka
クルーヌンハカ
Senaatintori
セナーティントリ
Fabianinkatu
Katajanokka
カタヤノッカ

Ravintola Kolme Kruunua
ラヴィントラ・コルメ・クルーヌア ▸ P.70
Karl Fazer Café カール・ファッツェル・カフェ ▸ P.54
Aleksanterinkatu
アレクサンテリンカトゥ
Helsingin kaupungintalo
ヘルシンキ市役所（無料トイレあり）
Hotel Katajanokka
ホテル・カタヤノッカ
Johan & Nyström ヨハン・アンド・ニュストロム ▸ P.56
Uspenskin katedraali ウスペンスキー寺院 ▸ P.22
Ravintola Olo ラヴィントラ・オロ ▸ P.64
Kanavaranta 1
Tove Janssonin puisto トーベ・ヤンソン公園
Tove Janssonin puisto
トーベ・ヤンソン・プイスト
Allas sea pool
アッラス・シー・プール ▸ P.79
SkyWheel Helsinki
スカイヴィール・ヘルシンキ（観覧車）

Ravintola Savoy
ラヴィントラ・サヴォイ ▸ P.62
Café Savoy
カフェ・サヴォイ P.63
Johanneksenkirkko
ヨハンネクセンキルッコ
Eteläsatama
エテラ港
Olympiaterminaali
オリンピア・ターミナル（タリンク・シリヤライン乗り場）
Mannerheim-museo
マンネルヘイム博物館
Kaivopuisto
カイヴォプイスト
Kaivopuisto
カイヴォプイスト公園 ▸ P.88

Keskuskatu
Kaisaniemenkatu
Korkeavuorenkatu
Ratakatu
Ullanlinna
ウッランリンナ

0   300m

ショップ、市場、デパート   サウナ   公園、森など   ホテル   バス停   トラム駅   メトロ駅 M

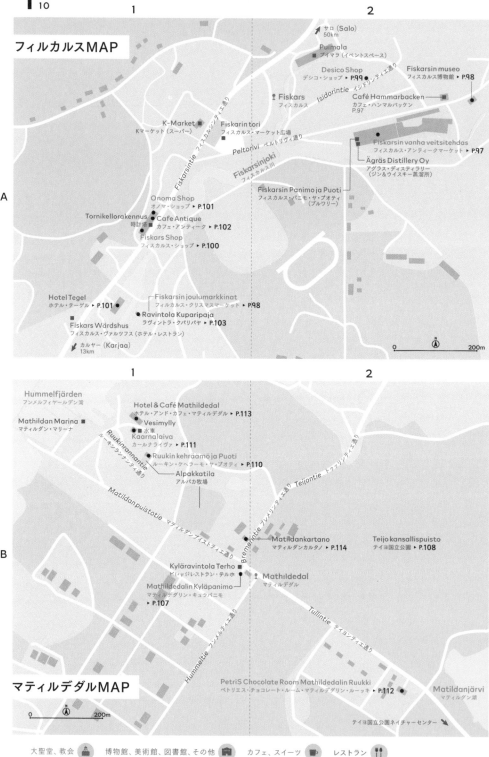

ポルヴォーMAP

Iso Linnamäki
イソ・リンナマキ（史跡公園）

Porvoonjoki
ポルヴォー川

Porvoon vanha rautatieasema
■ 旧ポルヴォー駅舎跡

Porvoon tuomiokirkko
ポルヴォー大聖堂 ▶ P.120

■ Vanhan Porvoon Glassikko
ヴァンハン・ポルヴォーン・グラシッコ

■ Vanhan Porvoon jäätelötehdas
ヴァンハン・ポルヴォーン・ヤーテロテヘダス ▶ P.121

Porvoon Raatihuoneentori
旧市庁舎前広場

Porvoon museo
ポルヴォー博物館（旧市庁舎）
Gabriel 1763 ▶ P.123
ガブリエル1763

Tee- ja Kahvihuone Helmi
テー・ヤ・カハヴィフオネ・ヘルミ ▶ P.122

Näsinmäen
hautausmaa
ナシンマキ墓地
（ルーネベリのお墓あり）

PetriS Chocolate Room
Vanha Porvoo
ペトリエス・チョコレート・ルーム・
ヴァンハ・ポルヴォー
P.112

● Brunberg
ブルンベリ ▶ P.122

┌─ Sokos Porvoo
　　ソコス・ポルヴォー
　　（デパート）

Muumipuisto
ムーミン公園

A

Porvoon Paahtimo
ポルヴォーン・パーハティモ ▶ P.123

Kaupunginpuisto
カウプンギンプイスト公園

1 Porvoo linja-autoasema
ポルヴォー・バスターミナル

K-Citymarket
Kシティマーケット
（スーパー）

Porvoon tori
ポルヴォー・
マーケット広場

Johan Ludvig Runebergin patsas
ユーハン・ルードヴィーグ・ルーネベリ銅像

Lidl
リドル（スーパー）

0　　　200m

● J. L. Runebergin koti
J.L. ルーネベリの家 ▶ P.121

B-3　アイノラMAP

Tuusulanjärvi
トゥースラ湖

↑ Järvenpää
ヤルヴェンパーへ

Ainola juna-asema
アイノラ駅

Ahola
アホラ

Ainolankatu
アイノランカトゥ通り

Poikkitie ポイッキティエ通り

● Ainola アイノラ ▶ P.124
└ Cafe Aulis
　カフェ・アウリス

0　　　300m

C-4　セイナヨキMAP

0　　　100m

観光案内所

Seinäjoki rautatieasema
セイナヨキ駅

Koulukatu コウルカトゥ通り

Torikatu トリカトゥ通り

Seinäjoen kaupungintalo
セイナヨキ市庁舎 ▶ P.135

Lakeuden Risti
ラケウデン・リスティ教会 ▶ P.135

Kirkkokatu キルッコカトゥ通り

Seurakuntakeskus
教区センター

Seinäjoen Aalto-keskus
セイナヨキ・アアルト・センター

Aallon kirjasto
アアルト図書館 ▶ P.135

Kaupunginteatteri
市立劇場

Virastotalo
合同庁舎

Seinäjoen pääkirjasto Apila
アピラ図書館 ▶ P.33

C-3　ユヴァスキュラMAP

Vesilinna
ヴェシリンナ展望台 ■

Aalto-sali
労働者会館

Harju
ハルユの丘

Yliopistonkatu

Jyväskylä rautatieasema
ユヴァスキュラ駅

■ Forum
フォーラム
（ショッピングセンター）

Forenom Aparthotel Jyväskylä
フォレノム・アパートホテル（旧自衛団ビル）

Voionmaankatu

Sodexo tietotalo
ソデクソ・ティエトタロ（旧警察署ビル）

Jyväskylän pääkirjasto
ユヴァスキュラ市立図書館

Hannikaisenkatu ハンニカイセンカトゥ通り

K-Supermarket
Kスーパーマーケット

Jyväsjärvi
ユヴァスヤルヴィ湖

Jyväskylän yliopisto
ユヴァスキュラ大学 ▶ P.135

Keski-Suomen museo
■ 中部フィンランド博物館
● Alvar Aalto -museo
アルヴァ・アアルト・ミュージアム ▶ P.135

0　　　300m

ショップ、市場、デパート ⛟　公園、森など ◈　ホテル ▦　バス停 ¶

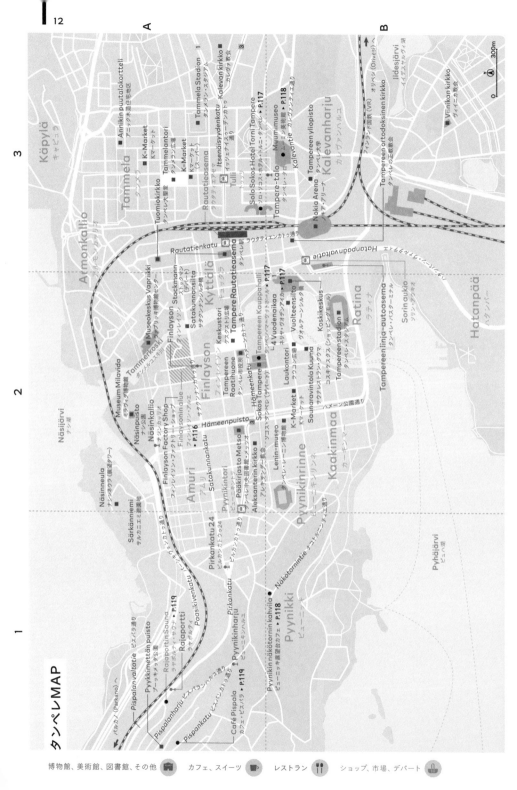

タンペレMAP

博物館、美術館、図書館、その他　カフェ、スイーツ　レストラン　ショップ、市場、デパート

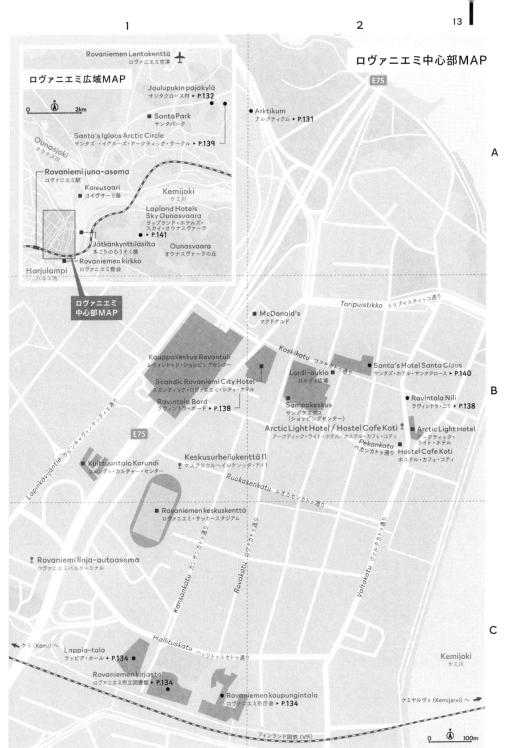

ロヴァニエミ中心部MAP

ロヴァニエミ広域MAP

Rovaniemen Lentokenttä
ロヴァニエミ空港

Joulupukin pajakylä
サンタクロース村 ▶ P.132

■ SantaPark
サンタパーク

Santa's Igloos Arctic Circle
サンタズ・イグルーズ・アークティック・サークル ▶ P.139

Ounasjoki
オウナス川

Rovaniemi juna-asema
ロヴァニエミ駅

■ Koivusaari
コイヴサーリ島

Kemijoki
ケミ川

Lapland Hotels
Sky Ounasvaara
ラップランド・ホテルズ・
スカイ・オウナスヴァーラ
▶ P.141

Jätkänkynttiläsilta
木こりのろうそく橋

Ounasvaara
オウナスヴァーラの丘

Rovaniemen kirkko
ロヴァニエミ教会

Harjulampi
ハルユ池

ロヴァニエミ
中心部MAP

0 2km

● Arktikum
アルクティクム ▶ P.131

E75

A

Toripuistikko トリプイスティッコ通り

■ McDonald's
マクドナルド

Koskikatu コスキカトゥ通り

Santa's Hotel Santa Claus
サンタズ・ホテル・サンタクロース ▶ P.140

Kauppakeskus Revontuli
レヴォントゥリ・ショッピングセンター

Scandic Rovaniemi City Hotel
スカンディック・ロヴァニエミ・シティ・ホテル

Ravintola Bord
ラヴィントラ・ボード ▶ P.138

Lordi-aukio
ロルディ広場

● Ravintola Nili
ラヴィントラ・ニリ ▶ P.138

B

Sampokeskus
サンポケスクス
(ショッピングセンター)

Arctic Light Hotel / Hostel Cafe Koti
アークティック・ライト・ホテル／ホステル・カフェ・コティ

Pekankatu
ペカンカトゥ通り

■ Arctic Light Hotel
アークティック・
ライト・ホテル

Hostel Cafe Koti
ホステル・カフェ・コティ

Lapinkävijäntie ラピンキャヴィヤンティエ通り

E75

■ Kulttuuritalo Korundi
コルンディ・カルチャー・センター

Keskusurheilukenttä I1
ケスクスウルヘイルケンタ・アイ1

Ruokasenkatu ルオカセンカトゥ通り

■ Rovaniemen keskuskenttä
ロヴァニエミ・サッカースタジアム

Rovaniemi linja-autoasema
ロヴァニエミバスターミナル

Kansankatu カンサンカトゥ通り

Rovakatu ロヴァカトゥ通り

Valtakatu ヴァルタカトゥ通り

C

← ケミ (Kemi) へ

Hallituskatu ハッリトゥスカトゥ通り

Lappia-talo
ラッピア・ホール ▶ P.134

Rovaniemen kirjasto
ロヴァニエミ市立図書館 ▶ P.134

■ Rovaniemen kaupungintalo
ロヴァニエミ市庁舎 ▶ P.134

Kemijoki
ケミ川

ケミヤルヴィ (Kemijarvi) へ →

フィンランド国鉄 (VR)

0 100m

サウナ ホテル バス停 トラム駅

フィンランドの歴史

スウェーデン支配の時代

　紀元100年頃にフィンランド湾南岸から上陸したスオミ人（フィン人）は、先住民族のサーメ人を北へ追い上げながら定住しました。スオミ人は大まかにスオミ、ハメーンリンナ、カレリアの3つのグループがありましたが、政治的には十分にまとまっていませんでした。

　12世紀のはじめにキリスト教化したスウェーデン王エリク9世は、1155年に北方十字軍を編成してトゥルクを中心とするフィンランド南西部を支配、1250～1809年の間、フィンランドはスウェーデンの統治下に置かれました。

ロシア支配の時代

　1808年のフィンランド戦争（第2次ロシア・スウェーデン戦争）でスウェーデンの大敗により、フィンランドは1809年にロシア帝国へ割譲され立憲君主制の大公国に（～1917年）。1812年首都がトゥルクからヘルシンキに移り、開明的な啓蒙君主であったロシア皇帝アレクサンドル2世の下「自由の時代」を謳歌し、フィンランド人の民族的基礎が着々と築かれていきました。

　19世紀末、フィンランドの自治権を奪おうとするロシアの圧政に対するナショナリズムが勃興、次第に独立の気運が高まりました。「我々はスウェーデン人には戻れない。しかしロシア人にもなれない。そうだ、フィンランド人でいこう」と謳う民族叙事詩カレワラが1835年に出版され、1848年にデンマークで絶対王政が崩壊し民主主義が成立すると、フィンランド人の間でも学生を中心に民主化運動とナショナリズムが高まりました。

フィンランド共和国の成立

　1917年ロシア革命で帝政ロシアが崩壊し独立、1919年の共和国宣言によりフィンランド共和国が成立しました。しかし、ロシアがカレリア地峡を割譲することを求めてきたことに対して、1939年第1次ソ連・フィンランド戦争（冬戦争）が勃発。さらに1941～1944年第2次ソ連・フィンランド戦争（継続戦争）、1944～1945年対独戦争（ラップランド戦争）と戦争が続きます。カール・グスタフ・エミール・マンネルヘイムは、フィンランド軍の最高司令官としてこれらの戦争を指揮（1944～1946年第6代大統領）、ソ連とのむずかしい講和を成し遂げ、独立を守り抜きました。

ヨーロッパを代表する福祉国家へ

　1948年フィンランド・ソ連友好協力相互援助条約が締結。1952年にはヘルシンキでオリンピックが開催されました。1955年の国連加盟を皮切りに、経済、社会面でも急速な発展を遂げ、1980年代以降は農業と林業中心の経済から、ハイテク産業を基幹とする工業先進国に転身。さらに1995年にEU（欧州連合）加盟、2002年にユーロを導入。また、政治面では1906年にヨーロッパではじめて女性の選挙権と被選挙権を認めた国でもあり、2000年にフィンランド初の女性大統領が誕生、2019年には世界でもっとも若い女性首相（34歳）が誕生。現在は、世界でもっとも生活水準の高い先進民主主義国、福祉国家のひとつです。

キアズマ（現代美術館）の前にあるマンネルヘイムの像。

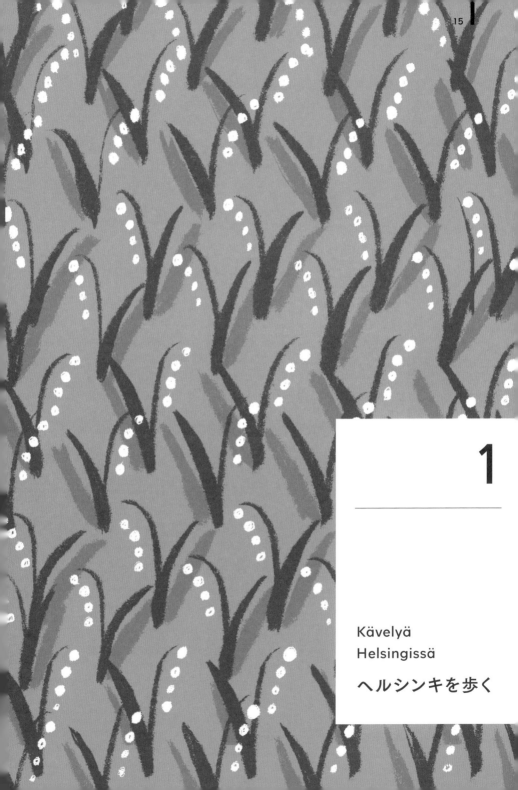

1

Kävelyä
Helsingissä

ヘルシンキを歩く

素敵なデザインと自然豊かな港湾都市

　首都ヘルシンキは人口約65万人（2023年3月時点）、歩いてもまわれるほどコンパクトな街です。メトロ（地下鉄）は東西に1本、街中にトラム（路面電車）とバスが走る機能性はIT先進国ならでは。森でハイキングを楽しんだりベリー摘みをしたり、市内に300以上ある群島で夏はボートやヨットで島めぐりをしたり海で泳いだり、冬は凍った海の上をクロスカントリースキーやスケート、また歩いて通勤したりと、都市で生活しながらも自然を満喫できるのが魅力です。たくさんの野生動物も棲息していて、私の住むヘルシンキ中心部の島ではリスやウサギ、キツネ、キジ、ハリネズミ、カモメなどをよく見かけます。

　のんびりした空気を感じながら、ぜひヘルシンキを散策してみてください！　デパートのストックマンやエスプラナーディ公園のある市街中心部は、ヘルシンキ大聖堂やマーケット広場などの観光名所、マリメッコやイッタラをはじめとする有名ブランドショップが集中するエリア。ヘルシンキ中央駅周辺には、国会議事堂、中央図書館（P.30）などさまざまな文化施設が建ち並びます。少し南下した「デザインディストリクト」（P.38）には、博物館やおしゃれな雑貨店やカフェが点在。さらに南下すると閑静な住宅街のエイラ地区、カイヴォプイスト公園や海辺のカフェがあり散歩を楽しむのにぴったりです。

　北部にはアアルトの自邸やアトリエ（P.137）、北西部にはユニークなモニュメントが人気のシベリウス公園（P.89）があります。中心部から少し離れる際の移動は、トラムをうまく使いこなすとスムーズです。

1.6月は、街中にライラックが咲き乱れ良い香りが漂う。2.市内には、眺めの良い散歩コースやカフェも多い。3.ヘルシンキ中央駅。エリエル・サーリネンによる設計で1922年完成。駅の入り口の両側のランプを持つ像の愛称は石男たち。夜は点灯する。4.ナショナル・ロマンティシズム（北欧古典主義）の駅構内。

Helsinki

ヘルシンキ

澄んだ青い空とエスプラナーディ公園の新緑が美しい。

Helsingin tuomiokirkko ja Senaatintori

大聖堂、広場

ヘルシンキ大聖堂・元老院広場

白とエメラルドグリーンの美しい佇まいは、どの季節も存在感を放っている

バルト海の乙女、ヘルシンキのシンボル

白亜の外壁と5つのドームが美しい福音ルーテル派の総本山である大聖堂と、大聖堂前の元老院広場は、有名なドイツ人建築家のカール・ルドヴィク・エンゲルによって設計・改築されました。1852年の完成当時は、時の皇帝の名を冠してニコライ教会と呼ばれていましたが、ロシアから独立後の1959年にヘルシンキ大聖堂と改称。街の中心部にいながら、いつでも気軽に立ち寄ることができて心落ち着く場所です。

46段の大階段はヘルシンキっ子の憩いの場で、ここから眺めるバルト海と元老院広場周辺の歴史的建造物は必見！夏は人々が日光浴をしたり、冬は雪が積もった階段でソリ滑りを楽しむ光景が見られます。

通常教会として使用されていますが、結婚式やコンサート、聖ルチア祭、光のアートイベントLUXなど、一年を通して季節のイベントが開催され市民が集う重要な場所でもあります。

アレクサンドル2世像の頭には、大きなカモメが乗っていることも。

1.華やかな外観とは対照的に内部はシンプルな装飾。2.ヘルシンキ大学キャンパス、国立図書館、市役所、政府機関が密集した元老院広場周辺。3.1963年に改装されたパイプオルガンは、約5,600本のパイプからなる。4.地下ホール（クリュプタ）には、夏季限定のカフェも。5.雑貨などを販売するおみやげショップではコーヒーも販売している。

Unioninkatu 29, 00170 Helsinki
09 2340 6120
helsingintuomiokirkko.fi
6〜8月：9:00〜24:00、不定休
9〜5月：9:00〜18:00、不定休
※イベント開催時以外はオープン
入場無料（ただし€5の寄付を受付）
トラム2・4・5・7番「Senaatintori」より徒歩1分
MAP▶P.9　B-3

◎礼拝の時間＝月・火・木・金曜12:00〜、土曜18:00〜、日曜10:00〜
◎パイプオルガンの演奏＝水曜12:00〜

ヘルシンキ最大の
クリスマスマーケット

　毎年12月に元老院広場で開催されるクリスマスマーケットは、国内最古。伝統的なクリスマス料理、トナカイのソーセージ、身体があたたまるグロッギ（ホットワイン）やハンドメイドの雑貨を売る店などが並びます。本場のサンタクロースが登場する日もあり、アットホームな雰囲気が魅力。www.myhelsinki.fi

1.屋台や子ども向けの無料メリーゴーランドなどが並ぶ。2.近くのエスプラナーディ公園でもクリスマスイルミネーションが見られる。

Temppeliaukion kirkko
テンペリアウキオ教会

教会

美しい音色のダイナミックな岩の教会

氷河期から残る岩をくり抜いてつくられた、通称「ロックチャーチ（岩の教会）」は、住宅街のなかに佇んでいます。コンサートが行われるほどの抜群の音響効果は、自然の岩を剥き出しでそのまま使用しているため。地上13mのドーム型の屋根には直径24mの銅と180枚の天窓がはめ込まれ、そこからやわらかな光が射し込み、床に影との美しいコントラストを描きます。

1969年に完成したこの教会を設計したのは、ティモ＆トゥオモ・スオマライネン兄弟。写真撮影は全体が見渡せる2階からがおすすめ。

お祈りと瞑想の静かな時間を過ごした後は、外に出て岩の上へのぼり、ぜひ高台からの360度の景色を楽しんでください。毎週水曜日14時から30分間行われるパイプオルガンの演奏は、入場料のみで誰でも楽しめます。

1.2階のいちばん上の席から見渡すと包み込まれるような不思議な感覚に陥る。2.天窓から、光が射し込む構造になっている。3.存在感のあるパイプオルガンは、教会内に美しい音色を奏でる。4.外から見ると、ここが教会とは想像がつかない。

Lutherinkatu 3, 00100 Helsinki
09 2340 6320
www.temppeliaukionkirkko.fi
10:00（日曜12:00）〜18:00、無休
一般：€5（ヘルシンキカードで入場可）、
18歳未満：無料
トラム1・2番「Hanken」より徒歩3分
MAP ▶ P.8　A-1

晴れた日はやわらかい光がガラスから差し込む。

Uspenskin katedraali
ウスペンスキー寺院

教会

1

1.レンガはクリミア戦争で破壊されたボマルサンド要塞のもので、1868年に完成。2.13あるクーポラ(ドーム)の上にはそれぞれに十字架が備えられている。3.十二使途を描いたイコノスタシス(イコンの壁)は光が射すと輝きを増す。4.近くのトーベ・ヤンソン公園は、ムーミンの作者トーベがこのエリアで幼少期を過ごしたことが由来。

北欧最大規模を誇る
ロシア正教寺院

　ヘルシンキ市街を一望できるカタヤノッカ半島の丘の上にある、北欧最大の正教会。ウスペンスキーとは、ロシア語で「安眠」の意味。生神女就寝大聖堂とも呼ばれます。生神女とは、正教会における聖母マリア。素朴な赤レンガ造りの外観とは裏腹に、なかに入るとそのきらびやかさに圧倒されます。

　夏は明るい光が射し込み、雪がしんしんと降る寒い冬は寺院内に焚かれたロウソクが揺れて、幻想的な雰囲気を醸し出します。淡いブルーのクーポラ(ドーム)の天井は息を呑むほどの美しさ。歴史ある寺院の地下には、サーバールームがあり、近隣住宅500世帯への暖房用熱を供給しているというから驚きです。

　丘の上から西側を見ると、ヘルシンキのシンボル、ヘルシンキ大聖堂が見えます。

4

📍
Kanavakatu 1, 00160 Helsinki
09 8564 6200
www.hos.fi/kirkot/uspenskin-katedraali
9:30〜16:00、土曜10:00〜15:00、
日曜12:00〜15:00、月曜休
入場無料
トラム4・5番「Tove Janssonin puisto」より
徒歩1分
MAP▶P.9 　B-4

Kampin kappeli
カンピ礼拝堂

礼拝堂

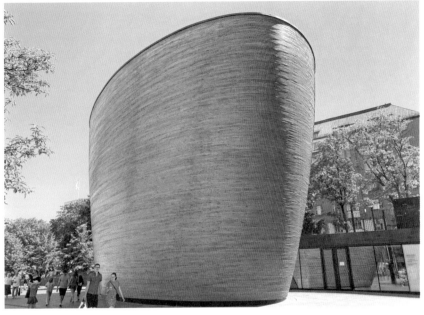

高さ11,5mの礼拝堂。K2Sアーキテクツの建築家3人による設計。

木のぬくもりに包まれた静寂な礼拝堂

　ヘルシンキでもユニークな建築物としてひと際目立つ、ナリンカトリ広場にある礼拝堂。都会の喧騒から逃れ誰もが静かな時間を過ごせるようにというコンセプトで、愛称は「チャペル・オブ・サイレンス」。2012年にヘルシンキが世界デザイン首都に選ばれたのをきっかけに建てられたもので、外壁はトウヒ、内壁はハンノキ、建具と内扉はセイヨウトネリコの3種類の木材を使用しています。

　木を曲げ、何重にも折り重ねて造られた礼拝堂内は、木のぬくもりに包み込まれ、あたたかい感覚を味わうことができます。上部から光が取り入れられる構造になっており、内部は無音に近い防音仕様。外の喧噪から離れて、静寂の時間を楽しんでください。

1.天井から漏れる自然光がやさしい。2.岩をイメージしたフェルトのクッション。遊び心のあるデザインも楽しい。

Simonkatu 7, Narinkkatori 00100 Helsinki
050 5781 136
www.kampinkappeli.fi
8:00〜20:00、土・日曜10:00〜18:00、無休
入場無料
トラム7・9番「Simonkatu」より徒歩1分
※2023年3月現在閉館中。開館時期は未定。
訪問前にウェブサイトで確認を

MAP ▶ P.8　B-2

Amos Rex
アモス・レックス

美術館

ユニークな建築と体験型ミュージアム

　カンピ・ショッピングセンターから徒歩2分、ラシパラツィ（ガラスの宮殿の意味）広場に突如現れる白い塔とユニークな外観は、20世紀前半の実業家アモス・アンデルソン氏のアートコレクションをはじめ、古典から現代アートまで、幅広いジャンルの作品を展示する美術館です。JKMMアーキテクツが設計し、2018年にオープンして以来、驚きと楽しみを与えてくれるスポットとして幅広い世代に人気があります。地下には柱のないドーム型天井の2,170㎡の展示スペースが広がっており、巨大なインスタレーションなどにも最適。オープニング展示は日本のデジタルアート集団「チームラボ」が飾りました。

　1952年のヘルシンキ・オリンピックに向けて建てられた1930年代の建物のひとつで（スカンジナビア諸国初のネオンサイン付きビルだった）、老朽化により取り壊しが検討されていたところを、アモス・アンデルソン美術館が修復・移転してきたのが前身。カフェやレストラン、ショップも併設されており、現在は2階に劇場が入っています。

📍Mannerheimintie 22-24, 00100 Helsinki
09 6844 460
amosrex.fi
11:00～20:00（土・日曜17:00）、火曜休
一般：€20（ヘルシンキカードで入場可）、
18歳未満：無料
トラム1・2・4・10番「Lasipalatsi」より徒歩1分
MAP▸P.8　B-2

地下の美術館へ降りる階段の大きなガラス窓からは地上の様子も伺える。

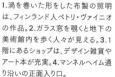

1.渦を巻いた形をした布製の照明は、フィンランド人ペトリ・ヴァイニオの作品。2.ガラス窓を覗くと地下の美術館内を歩く人々が見える。3.1階にあるショップは、デザイン雑貨やアート本が充実。4.マンネルヘイム通り沿いの正面入り口。

天気が良い日は、5つの小山の上に人々が登り日光浴をする光景も見られる。

Designmuseo
デザイン博物館

博物館

1

フィンランドデザインを
知ることができる

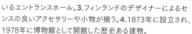

　フィンランドデザインの魅力が凝縮された博物館で、私は年に20回以上通うほどお気に入りの場所です。フィンランドの建築家グスタフ・ニューストロムによって設計されたレンガ造りの古い建物は、もともと美術と工芸の学校でした。

　1階にはフィンランドデザインの歴史とデザイナーを紹介する常設展、併設のミュージアムショップとカフェがあります。2階と地下1階では企画展が開催されます。世界中の人々を魅了するフィンランドデザインが、どのようにして生み出されたのか、より深く学ぶことができると同時に、新しいインスピレーションも湧いてきます。

1.2階は企画展で、時期により展示内容が変わる。2.エーロ・アールニオのボールチェアも置かれているエントランスホール。3.フィンランドのデザイナーによるセンスの良いアクセサリーや小物が揃う。4.1873年に設立され、1978年に博物館として開館した歴史ある建物。

Korkeavuorenkatu 23, 00130 Helsinki
09 6220 540
www.designmuseum.fi
6〜8月：11:00〜20:00（土・日曜18:00）、祝祭日休
9〜5月：11:00〜18:00（火曜20:00）、月曜休
一般：€12、18歳未満：無料（ヘルシンキカードで入場可）
トラム10番「Johanneksenkirkko」より徒歩1分
MAP ▶ P.9　C-3

カンパニーのイースターウィッチ
ベース（花瓶）€78。

Helsingin Taidehalli

ヘルシンギン・タイデハッリ

美術館

アート好きが通う現代美術館

　1928年のオープン以来、アート好きが通うコ
ンテンポラリーアートミュージアム。若手から
著名なアーティストまで、現代美術を中心とし
た、デザイン、建築、映像やファインアートなど
の展覧会が年に5〜7回開催されます。パステ
ルピンク色が印象的な建物は、1920年代の新
古典主義を代表するもの。2020年10月には、
フィンランド人建築家夫妻アルヴァ＆アイノ・ア
アルトの展覧会「Aallot」が行われ、コレクター
のペルッティ・マンニストが所有する約1000点
のコレクションからセレクトした作品が展示さ
れました。アアルト家具のプロトタイプや照明
器具など、夫妻の初期デザイン作品と希少な
作品が注目を集めました。

1.展示室は高い天井と真っ白い
壁で、展示方法にもこだわってい
る。2.ヤール・エクルンドとヒルディン
グ・エクルンドの設計によるしなや
かなカーブが特徴の外観。3.小さな
ミュージアムショップには、アート本
がたくさん揃う。4.エントランスのフォルムをもとに、デザイン
事務所テーアステーオー(Tsto)が美術館のロゴを手がけた。

 Nervanderinkatu 3, 00100 Helsinki
040 4507 211
taidehalli.fi
11:00〜18:00（水曜20:00、土・日曜17:00）、月曜休
一般：€14、18歳未満：無料
トラム1・2番「Luonnontieteellinen museo」より徒歩2分
MAP ▶ P.8　A-2

Ateneumin taidemuseo

アテネウム美術館

美術館

フィンランド美術の名作を堪能しよう

　フィンランド最大規模の国立美術館であり、18〜20世紀半ばにかけての歴史とアートの宝庫で、絵画を通してフィンランドの歴史を学ぶことができます。2階はクラシックなフィンランド美術の傑作が中心で、3階には現代の作品が展示され、時間が経つのも忘れるほど見応えがあります。

　見どころは、2階のヒューゴ・シンベリの「傷ついた天使」やヘレン・シャルフベックの「快復期」。フィンランドの民族叙事詩カレワラとは、フィンランド各地に伝わる古い伝説や歌をもとに50章にも及ぶ壮大な物語で、今も国民に読み継がれており、絵画からもカレワラのストーリーを読み解くことができます。1階のミュージアムショップで買えるポストカードやマグネットは、おみやげにもおすすめです。

1.2階のクラシックな名作は必見。2.歴史にも触れられる常設の絵画コーナー。3.建築家テオドル・ホイエルにより、学校として設計された歴史ある建物。4.国民的画家である、ヒューゴ・シンベリの「傷ついた天使」のノート€8。5.地元っ子に人気の「Helsinki」バッグは、白と黒の2種類、各€15。

📍 Kaivokatu 2, 00100 Helsinki
029 4500 401
ateneum.fi
10:00〜18:00 (水・木曜20:00、土・日曜17:00)、
月曜休
一般：€18 (ヘルシンキカードで入場可)、18歳未満：無料
トラム3・5・6・7・9番「Rautatieasema」より徒歩2分
MAP ▶ P.9　B-3

Didrichsenin taidemuseo

ディドリシュセン美術館

美術館

バルト海を望むクラシックな美術館

　ヘルシンキ屈指の富裕層が暮らす島のひとつ、クーシサーリ島の閑静な住宅地に佇むクラシックな美術館。アート好きでコレクターでもあった、デンマーク人のグンナー・ディドリシュセンとフィンランド人の妻マリエ・ルイスの邸宅を改装し、1965年に開館しました。

　小さな館内は、まるで個人のお宅に招かれているような気分に。庭には彫刻作品が所々に並んでおり、目の前の海辺まで歩いて行けます。アートを楽しむだけでなく、夏の間はバルト海の風を感じられる気持ちの良いスポットとしておすすめです。中心部からは少し離れていますが、ヘルシンキの海辺の優雅な雰囲気を味わうには最高のロケーション。ここまで足をのばしてみる価値は十分にあります。

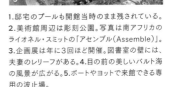

1.邸宅のプールも開館当時のまま残されている。2.美術館周辺は彫刻公園。写真は南アフリカのライオネル・スミットの「アセンブル(Assemble)」。3.企画展は年に3回ほど開催。図書室の壁には、夫妻のレリーフがある。4.目の前の美しいバルト海の風景が広がる。5.ボートやヨットで来館できる専用の波止場。

 Kuusilahdenkuja1, 00340 Helsinki
010 2193 970
www.didrichsenmuseum.fi
10:00〜18:00（水・木曜20:00）、月曜休
一般：€16、18歳未満：無料
トラム4番「Meilahdentie」下車、
510番バスに乗り換え
「Kuusisaarenkuja」下車、徒歩1分
MAP ▶ P.6　**B-1**

Oodi Helsingin keskustakirjasto

オーディ・ヘルシンキ中央図書館

図書館

子どもとお父さん・お母さんが一緒に遊べる3階のスペース。ベビーカー置き場はいつも満車。

次世代図書館「みんなのリビングルーム」

2018年12月にオープンした図書館で、オーディとはフィンランド語で「頌歌」の意味。ロシアからの独立100周年を記念し、国から国民への贈り物として建てられました。読書が好きなフィンランド人は、本を頻繁に借りるのはもちろん、自由に使える設備やコミュニケーションの場として図書館を利用しています。コンセプトは「すべての人へ」で、ニックネーム「みんなのリビングルーム」の名の通り、観光客の利用もウェルカムです。

窓際テラス席は、座ると目線が目の前の国会議事堂と同じ高さにくるよう設計されています。これは、国民と政府が同じ目線でいることを表現しています。建物の両端は傾斜しており、子どもでなくても登りたくなる遊び心のある造りで、いちばん上は写真スポット。この図書館で私がいちばん気に入っているのは、螺旋階段の壁に刻まれている「この図書館はどんな人のためのもの?」の質問に対して、国民が回答したメッセージです。

館内で活躍する
本を運ぶロボット。
名前はヴェーラ。

オリジナルトート
バッグ€5は、おみ
やげにおすすめ。

1.螺旋階段の壁には、多様な人々がつながっていることを実感できるメッセージが。「すべての人へ」、「プリンセスへ」など。2.2階はスタジオ、個室のオフィス、ワークスペース、ミシン、パソコンなどの機器が完備。3.建物の外側と1階天井はトウヒ（Kuusi）、2階は白樺（Koivu）、3階の床はオーク（Tammi）、テラスはアカマツ（Mänty）の木を使用。4.波を打つような曲線を描いたユニークな形の建物はALAアーキテクツによる設計。

Töölönlahdenkatu 4, 00100 Helsinki
09 3108 5000
www.oodihelsinki.fi
8:00～22:00、土・日曜10:00～20:00、無休
入場無料
トラム3・5・6・7・9番「Rautatieasema」下車、徒歩7分
MAP▶P.8　A-2

5.3階のテラスは夏季限定で、早朝から市民がヨガなどを行うアクティビティの場としても開放。6.2階にある無料の3Dプリンターは、事前にウェブサイトから要予約（料金は材料費のみ1回€0,70）。7.1階にあるファッツェルカフェ。ランチブッフェは野菜がたくさん摂れて大人気。

フィンランドの美しい図書館をめぐる

寒い気候で娯楽の少ないフィンランド人にとって、学びの場である図書館は、同時に大切な娯楽施設のひとつ。その利用率は世界トップとも言われ、ヘルシンキだけでも37館あります。ここでは、ユニークな建築や素敵なデザインを取り入れた図書館をご紹介します。

1.吹き抜けを中心に、フロア全体を見渡せる。2.天窓から自然光が射し込む。3.壁のレイアウトやファサードの神殿建築は、ローマ時代の浴場にインスパイアされたもの。

Kansalliskirjasto

フィンランド国立図書館

Unioninkatu 36, 00014 Helsingin yliopisto
www.kansalliskirjasto.fi
MAP ▶ P.9　B-3

フィンランドでもっとも歴史ある学術図書館

ヘルシンキ大聖堂の西側にあり、館内はまるで宮殿。蔵書は300万冊とも言われています。設計はカール・ルドヴィク・エンゲルで、1840年に完成。天井画が描かれたドームのきらびやかさに圧倒されます。館内にカフェもあり。手荷物は入り口のロッカーに預けましょう。

1.カルセリ・ラウンジチェア（Karuselli）は、ウルヨ・クッカプロのデザイン。2.特徴的な楕円型の天窓。設計はアンティネン・オイヴァ・アーキテクツ。3.正方形の窓と対照的な、大胆なカーブを描くエントランス。

Helsingin yliopiston kirjasto

ヘルシンキ大学中央図書館

Fabianinkatu 30, 00014 Helsingin yliopisto
www.helsinki.fi/kirjasto
MAP ▶ P.9　A-3

細部までこだわったデザイン空間

歴史あるヘルシンキ大学の施設が並ぶ一角に2012年に建てられた図書館。外観の重厚なレンガ造りとは対照的に、館内は白を基調に自然光をうまく取り入れ明るくモダンな印象です。学習スペースが充実しており、学生ほか一般客も無料で利用OK。最上階のテラスからは、目の前に大聖堂が見えます。

Töölön kirjasto

トーロ図書館

📍 Topeliuksenkatu 6, 00250 Helsinki
www.helmet.fi/toolonkirjasto
MAP ▶ P.6 B-2

森のなかにある静かな環境

シベリウス公園(P.89)からすぐ。テラス席は開放感があり、日光浴を楽しみながら読書をする人々の姿であふれています。館内は、学習室や読書室など集中できるスペースが充実しています。

1.下から見上げると人の眼の形に見える螺旋階段。2.フィンランド人建築家アールネ・エルヴィが設計。3.学習スペースの大きな窓からは、森の風景が広がる。

Kirkkonummi Pääkirjasto Kirjastotalo Fyyri

キルッコヌンミ図書館 フューリ

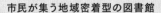

📍 Kirkkotori 1, 02400 Kirkkonummi
www.kirkkonummi.verkkokirjasto.fi/-/
kirkkonummen-kirjastotalo-fyyri
MAP外

市民が集う地域密着型の図書館

キルッコヌンミはヘルシンキから列車で約1時間の小さな町で、スウェーデン語を母国語とする人々が多く暮らしています。Fyyriとはフィンランド語で「灯台」の意。海の近くにある町の図書館ため、そう名付けられました。2020年にオープンした図書館の設計はJKMMアーキテクツ。窓や天井から光が射し込むようにつくられています。

1.知識と経験を共有する場として市民に利用されている。2.銅板張りのユニークな建物はひと際目を引く。3.カフェスペースは大きな窓から光が最大限に入るよう設計。

Seinäjoen pääkirjasto Apila

アピラ図書館

📍 Alvar Aallon katu 14, 60101 Seinäjoki
kirjasto.seinajoki.fi
MAP ▶ P.11 C-4

セイナヨキのモダンな多機能図書館

ヘルシンキ北西約360kmに位置する町セイナヨキのアアルト・センターに2012年に開館。上から見るとクローバーの形のため名前がフィンランド語で「クローバー」を意味する「アピラ」に。地下への階段にあるソファは可動式でイベントやコンサートにも対応。立つ位置で見え方が異なる外観もユニーク。

1.巨大なガラス窓からは、アアルトが設計したラケウデン・リスティ教会も見える。2.モデルノL-67(Moderno)の椅子は、ウルヨ・クッカプロのデザイン。3.JKMMアーキテクツが設計したモダンな建築。

Akateeminen Kirjakauppa

アカデミア書店

書店

アルヴァ・アアルト建築に浸る

　フィンランドを代表する建築家アルヴァ・ア
アルトが設計した1969年創業の老舗書店。地
上3階、地下1階（通路でストックマンデパート
と直結）の4層あり、吹き抜けの天井からはや
わらかい光が射し込みます。回廊式の上階は
ゆったりした造りで、ソファやイベントスペース
も完備。

　目線の高さで見やすい書棚には、フィンラン
ド語のテキストや、フィンランドの料理、動物、
自然などをテーマにした本、デザインや写真集
など幅広い書籍が揃います。森林資源の豊か
な国ならではの上質な紙でつくられたポスト
カードやペーパーバッグなどの品揃えも充
実。これは事あるごとにカードを贈る習慣
があるためです。1階の子ども向けコー
ナー横のムーミングッズコーナーにある
マグカップや文房具なども人気です。

ムーミンのナイトライト€19,90。

1.本を開いたようなユニークな形をし
た天窓。2.小さな子どもから背の高
い大人まで使いやすい位置に工夫さ
れた、真鍮の取っ手。3.至るところに
ソファや椅子が置かれ、ゆっくり読書
を楽しめる。4.ムーミンの文房具も充
実の品揃え。A5サイズのノート€3,90。

Pohjoisesplanadi 39, 00100 Helsinki
020 7608 999
www.akateeminen.com
9:00～20:00（土曜18:00）、
日曜11:00～18:00、無休
トラム1・2・3・4・5・6・10番「Ylioppilastalo」より
徒歩2分
MAP ▶ P.9　B-3

Café Aalto

カフェ・アアルト

カフェ 🍵

地元の人が憩う
アアルトのカフェ

　アカデミア書店の2階にある、建築家アアルトのデザインを感じられるカフェ。2020年春にリニューアルされました。朝から地元の人たちが新聞片手にコーヒーを飲みながらゆったりとした時間を過ごしています。甘酸っぱいベリー系のケーキをはじめ、濃厚なチーズケーキや、プッラ（P.50参照）は5種類ほどあります。街歩きに疲れた時にどうぞ。

Pohjoisesplanadi 39, 00100 Helsinki
050 4924 942　www.cafeaalto.fi
9:00～20:00（土曜18:00）、
日曜11:00～18:00、無休
トラム1・2・3・4・5・6・10番
「Ylioppilastalo」より徒歩2分
MAP▶P.9　B-3

1.店内の照明にはアアルトの名作「ゴールデンベル」が使われている。壁にはアートの展示も。2.チェリーのソースが絶妙にマッチしたチーズケーキ€8,60と濃厚なホットココア€5,60。3.さっぱりとしたレモンメレンゲケーキは甘さ控えめで◎。

Kämp Garden

カンプ・ガーデン

ショッピングセンター 🛍

デザインのトレンドがわかる

　フィンランドのトレンドがわかる、ヘルシンキっ子に人気のカンプ・ギャラリア・ショッピングセンター内、2階にある「カンプ・ガーデン」。ドーム型の大きな天窓と素敵な内装の建物に、ファッションをはじめ、コスメ、アート＆デザイン、書籍、音楽、レストラン、カフェなど6店舗が入っています。1階にはマリメッコ・エスプラナーディ店（P.150）も。

Pohjoisesplanadi 33, 00100 Helsinki
kampgalleria.com/garden
9:00～20:00（土曜18:00）、
日曜11:00～18:00、無休
トラム2・4・5・7番「Aleksanterinkatu」より徒歩1分
MAP▶P.9　B-3

1.シーズンごとに商品のラインアップが変わる。2.老舗高級ホテル「カンプ」に併設のカンプ・ギャラリア・ショッピングセンターは3フロア。3.フィンランドのデザインブランドが揃う。

Suomalainen Kirjakauppa Aleksi 15

スオマライネン・キルヤカウッパ・アレクシ店

書店

ローカルに人気の穴場の大型書店

　読書好きなフィンランド人が足しげく通う、国内に63店舗を展開する大手書店。アレクサンテリンカトゥ通りにある旗艦店は2階建てで、木のぬくもりを感じる明るいデザインの内装。書棚はカテゴリー別に分けられ、本が見つけやすいのが特徴です。1階中央はヘルシンキのおみやげの品揃えが秀逸で、文具、カード類、ボードゲーム、絵本コーナーもあります。

　2階には雑誌、各種書籍がずらりと揃います。セルフサービスのラッピングコーナーはプレゼントの包装に便利。観光客の多いアカデミア書店（P.34）より落ち着いているので、地元の書店の雰囲気を味わえます。

1.2階では、トークショーが行われることもある。2.旗艦店の貫禄ある入り口。フクロウのかわいいロゴが目印。3.子どもに人気のタトゥとパトゥの本。4.おみやげ品コーナーには、フィンランドのデザイングッズも揃う。

 Aleksanterinkatu 15, 00100 Helsinki
010 4059 440
10:00～19:00（土曜18:00）、
日曜12:00～18:00、無休
www.suomalainen.com
トラム1・2・3・4・5・6・10番
「Ylioppilastalo」より徒歩2分

MAP▶P.9　B-3

2階の窓際席でゆっくりできる。

Stockmann
ストックマン

デパート

北欧最大のデパート

　1862年創業の老舗デパートで、全13フロアに国内外の有名ブランドを取り揃え、メンズ、レディース、子ども向けのファッションや雑貨、インテリアの家具や食器、サウナグッズなどが揃います。8階には、カール・ファッツェル・カフェをはじめ、フードコート、サラダバーなども完備。

　地下には、食料品スーパーマーケット「ヘルック（Herkku）」が入っており、テイクアウトできるお惣菜コーナーも充実しています。サラダやミートボールなど少量から購入でき、ホテルの部屋でいただくのにもぴったりです。

　年に2回、4月と10月に開催されるクレイジーセール（Hullut päivät）では、店舗が黄色いカラーで埋め尽くされます。

1.ヘルシンキ市内中心部に威風堂々と建っている。2.ヘルックのデリコーナー。番号札を機械から取り番号が表示されたら注文する。3.8階にあるサラダバーにて、具材2種類を選び、パン付きで€12,50。4.5階ホーム・インテリア・デザインのコーナー。5.ストックマン前にある「3人の鍛冶屋像」。

Aleksanterinkatu 52, 00100 Helsinki
09 1211／ヘルック＝010 7667 200
www.stockmann.com
10:00〜20:00（土曜19:00）、日曜12:00〜18:00、無休
ヘルック＝8:00〜20:00、土曜9:00〜19:00、
日曜11:00〜18:00、無休
トラム1・2・3・4・5・6・10番「Ylioppilastalo」より徒歩1分
MAP▶P.9 B-3

◎旅行者はパスポートを提示すれば10%OFFクーポンをもらえる

DESIGN DISTRICT HELSINKI
加盟店に貼られている
白黒ステッカー。

Design District Helsinki

MAP

■ スウェーデン劇場

オールドチャーチ
公園

エクベリ・
カフェ
→ P.57

プレヴァルディ通り

A

ピエール・
ピエール
→ P.74

B

○ ロカル
→ P.40

デザイン
博物館

C

D

フレドリキンカトゥ通り

ペーパーショップ
→ P.43

メリミエヘンカトゥ通り

E

デザインディストリクトの歩き方

ザインディストリクト・ヘルシンキ（Design District Helsinki）は、ヘルシンキの中心部から南にかけてデザインに関するショップ、ギャラリー、博物館、ホテル、レストランやカフェなど約200店舗が集まった約25の通りを含むエリア。公式サイト（designdistrict.fi）から地図もダウンロードできます。

　私のおすすめはスウェーデン劇場からプレヴァルディ通り→フレドリキンカトゥ通り（この地区のメインストリート！）→メリミエヘンカトゥ通り→デザイン博物館というルート（歩くだけなら約20分）。これをベースに、たまに脇道に逸れたりしながら、のんびり散策してみてください！

A:ヘルシンキ・コンテンポラリー（新進気鋭のアーティスト達の作品を展示する現代アートのギャラリー。helsinkicontemporary.com）／**B:**ニデ（デザインやファッション本が多く揃う書店。www.nidekauppa.fi）／**C:**アンダンテ（ハンドドリップコーヒーや抹茶スイーツが人気のカフェ。内装やマグカップはマリメッコ。www.facebook.com/AndanteHelsinki）／**D:**リラブ（カフェと併設の洋服や小物のセカンドハンドショップ。www.relove.fi）／**E:**ローベルティン・ヘルック（リコリスやサルミアッキなどのキャンディが量り売りで買える。www.roobertinherkku.fi）

C

D

E

Artek Helsinki
アルテック・ヘルシンキ

インテリア、家具

フィンランドデザインを堪能しよう！

　インテリアブランド、アルテック（P.157）が1936年にオープンした旗艦店。自社製品だけでなく、展覧会なども開催し、モダニズム文化を発信する場として機能しています。

　1階には「ゴールデンベル」、ワークショップスペースにはアルテックを象徴するデザインのひとつ「スツール60」を座面の色を選びカスタマイズできるコーナーなど、アアルトの代表作がずらり。フィンランドを中心に、世界中から集められた雑貨コーナーもあります。2階は、暮らしのなかでどのように家具を取り入れるかをイメージできるスタイリングされたインテリアコーナーをはじめ、グループ会社ヴィトラ社の製品や、モロッコカーペット、ファブリックなども。アアルトのみならず北欧デザインを体感できるスポットです。

1.2階では、スツール60、ドムスラウンジチェアなども並ぶ。2.座面の色が選べる「スツール 60」のカスタマイズコーナー。3.「A331ペンダント ビーハイブ」、「A110 ペンダント 手榴弾」などが並ぶランプコーナー。4.建物はヘルシンキ中央駅と同じエリエル・サーリネンによる設計。

 Keskuskatu 1 B、00100 Helsinki
010 6173 480
www.artek.fi/artekhelsinki/fi
10:00〜18:00、日曜休
トラム1・2・3・4・5・6・10番
「Ylioppilastalo」より徒歩1分
MAP▶P.9　B-3

Lokal

ロカル

雑貨、アクセサリー

暮らしに取り入れたいデザインアイテム

デザインディストリクトの中央にある、写真家のカトゥヤ・ハゲルスタムさんが運営するギャラリー兼コンセプトストア。店内に入ってすぐのギャラリーでは、注目のアーティストによる年に8回の企画展が開催されます。奥には、フィンランドを拠点に活躍するデザイナーたちが手がけるユニークで素敵なアイテムが揃うセレクトショップがあり、店員が商品の素材やストーリーをていねいに説明してくれます。

個性的な雑貨から長く使いたいハンドメイドのジュエリーまで幅広いラインナップで、自然の素材を大切にし、シンプルなデザインでつくられた商品ばかり。長く愛用したくなる、フィンランドデザインの逸品がきっと見つかるはずです。

1.さまざまなアーティストの作品を一挙に見られ、購入できる。2.セラミックデザイナーのサイヤ・ハルコ「ウンプ4」花瓶€220。3.エイヤ・コスキのヒンメリ（伝統的なクリスマスの装飾品）€800。4.大きな採光の窓。5.店員のメーナさん（左）とカティさん。

📍 Annankatu 9, 00120 Helsinki
lokalhelsinki.com
041 314 1794
12:00〜18:00（土曜16:00）、日・月曜休
トラム10番「Kolmikulma」より徒歩4分
MAP ▶ P.8 C-2

Taito Shop Helsinki

タイト・ショップ・ヘルシンキ

クラフト雑貨

1

フィンランドのハンドメイド雑貨店

　フィンランドのハンドクラフトを取り扱うセレクトショップ。フェルト、木の工芸品、アクセサリーなど、どれもつくり手のぬくもりが感じられるフィンランド製雑貨が揃います。自然からインスピレーションを受けたかわいらしいデザインのほっこり心和む作品が多く、キッチン雑貨の鍋敷きなどはとくにおすすめです。

　店内にはデザイナーの作品を展示するギャラリーと、観光客でも参加可能な単発のハンドクラフト教室もあります。編み物のタペストリーや手袋、小さな木のカゴ編みづくり、クリスマスのオーナメントづくりなど、説明は基本的にフィンランド語ですが、先生によっては英語も対応可能（事前にウェブサイトから要予約）。ハンドメイドのものに興味がある方はぜひ。

1.タイト・ショップのオリジナル商品もある。
2.店の奥にはハンドクラフトのギャラリーもある。3.おすすめのフェルトの鍋敷き。ライ麦パン€28、ベリー€15,90。4.フィンランドの手工芸品の定番、白樺のバスケットは€34,90～。

3

📍 Eteläesplanadi 4, 00130 Helsinki
050 3508 470
taitoshop.fi
10:00～18:00（土曜17:00）、
6～8・12月の日曜12:00～17:00、
1～5・9～11月の日曜休
　トラム2番「Kauppatori」より徒歩3分
MAP ▶ P.9　B-3

4

Design Laakso & Sundman

デザイン・ラークソ・アンド・スンドマン

シルバージュエリー、革製品

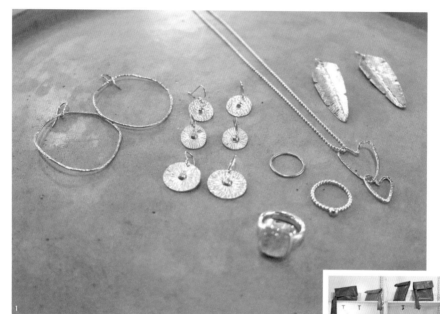

家族で営むデザインショップ

　ヘルシンキ生まれのデザイナー夫婦が営む
ハンドメイドのシルバージュエリーと革製品の
デザインブランド店。マリーア・スンドマンさん
は、1904年から彼女の高祖母が使っていたシ
ンガー社の足踏みミシンを受け継ぎ、伝統的
な手法で最先端の革製品を生み出しています。
窓際のコーナーは、マリーアさんが季節のおす
すめ商品を毎週変えながら展示しているスペー
スです。

　夫でシルバーアーティストのヘイッキ・ラーク
ソさんも父の職業を引き継ぎ、ジュエリー職人
として作品を制作しています。自然をモチーフ
にした繊細なデザインは、ふたりのあたたかみ
のある人柄を感じられます。指輪などのオー
ダーメイドも受け付けています。

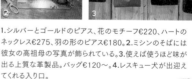

1.シルバーとゴールドのピアス、花のモチーフ€220、ハートの
ネックレス€275、羽の形のピアス€180。2.ミシンのそばには
彼女の高祖母の写真が飾られている。3.使えば使うほど味が
出る上質な革製品。バッグ€120〜。4.レスキュー犬が出迎え
てくれる入り口。

Pieni Roobertinkatu 8, 00130 Helsinki
040 5755 941
www.facebook.com/designlaaksosundman
11:00〜17:00、土曜12:00〜16:00、日曜休
トラム10番「Johanneksenkirkko」より徒歩3分
MAP▶P.9　C-3

ご夫婦にとって自然と動物は
身近で大切なもの。

Papershop
ペーパーショップ

ペーパーグッズ

かわいいが詰まった紙専門店

デザイン地区でセンス抜群のおしゃれな紙モノグッズが揃う専門店。店内に1歩入ると絵本のなかに入り込んだかのようなかわいらしい世界が広がります。ポストカード、グリーティングカード、ノート、文具、ポスター、ラッピング用品、インテリアの壁紙など良質な紙のデザイン性の高い商品が並び、暮らしに彩りを与えてくれるものばかりでどれもほしくなってしまいそう！ 古い家具を使ったディスプレイにセンスが光ります。結婚式や特別な日のカードのオーダーメイドも、フレンドリーな店員が相談に乗ってくれます。旅の思い出に、手紙やポストカード（€2〜）を日本の家族や友人、あるいは自分宛に送るのもおすすめ。きっと素敵な1枚が見つかりますよ。

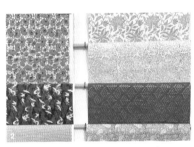

1.季節ごとに変わる素敵なディスプレイは、思わず立ち止まって見てしまう。2.日本製の千代紙が使われたものなど、種類も豊富。3.自宅インテリアの参考にしたくなる素敵な店内。

📍
Fredrikinkatu 18, 00120 Helsinki
045 3599 319
papershop.fi
10:00〜18:00、土曜11:00〜16:00、日曜休
トラム1・3番「Iso Roobertinkatu」駅より
徒歩1分
MAP ▶ P.8 C-2

笑顔が素敵な店員のペッピさん。

ヘルシンキの3大マーケットへ行こう!

ヘルシンキには3つの大きな屋内マーケットがあります。フィンランドの冬は
とても寒いため、昔から食料品や生活用品の販売は屋内で行われてきました。
歴史あるマーケットでは、フィンランドの人たちの生活が垣間見えますよ。

Vanha kauppahalli

オールド・マーケットホール

屋台で旬のグルメを堪能しよう

バルト海に面したマーケット広場（Kauppatori）の横
にあり、1889年のオープン以来ヘルシンキの台所として、
市民の胃袋を支え続けています。新鮮な肉、魚、野菜、
果物、デリ、スープ、カフェや酒専門店（Alko）まで幅広
く揃います。屋外のマーケット広場では、フィンランドで
よく食べられる小魚ムイックの屋台も。

1.デザイン博物館（P.26）と同じグスタ
フ・ニューストロム設計の重厚感のある
建物。2.塩、ディル、コショウなどで
味付けされたサーモンや白身魚。

3.スモークしたトナカイ肉のチップス€6,35はフィンランドらしいおみやげで人
気。4.ホール中央にある「ストーリー」は、ミシュラン1ツ星を獲得したレストラ
ンがプロデュース。5.本日のランチ€17,90は、口のなかでとろけるサーモンの
グリルと新ジャガイモ。6.フィンランドデザインのホームウェアを扱う店。店主
が商品についてていねいに説明してくれる。

Eteläranta, 00130 Helsinki
09 3102 3550
vanhakauppahalli.fi
8:00~18:00、日曜休
トラム2番「Eteläranta」より徒歩1分
MAP ▶ P.9 **B-3**

Hakaniemen kauppahalli

ハカニエミ・マーケットホール

屋外も！

屋内マーケットには44店舗入っている。

**地元の人が多く利用する
庶民派マーケット**

赤レンガ造りのハカニエミ・マーケットホールは、1914年のオープン以来、ヘルシンキ最大の屋内マーケット。とくに午前中は地元の買い物客でにぎわいます。陶器やグラスなどのアンティーク雑貨やフィンランドのハンドメイド雑貨もぜひチェックして！ 2017年12月から改装工事中（2023年春までに完成予定）。

Hakaniemen torikatu 1,
00530 Helsinki
09 3102 3560
www.hakaniemenkauppahalli.fi
8:00〜18:00、日曜休
トラム3・6・7・9番
「Hakaniemi」より徒歩2分
MAP ▶ P.7 B-3

7.天気の良い日の屋外マーケット広場。8.夏は森で採れた新鮮なベリー類が並ぶ。9.秋はポルチーニ茸などおいしいキノコが揃う。10.カモメが頭上から食べ物を狙ってくるので、要注意。11.左はイカリング、右がムイック（サケ科の淡水魚）のフライ。

3.仮設屋内マーケットの外観。4.アンティークショップは、フィンランドブランドを中心に、状態が良いものが揃う。

1.ハカニエミマーケット広場。右奥が改装工事中の赤レンガマーケットホール。2.手づくりの甘い菓子パン、ブッラ（Vaniljaviineri）€3,50は、バニラ味のクリームがたっぷり。

Hietalahden kauppahalli

ヒエタラハティ・マーケットホール

屋外のフリマで宝探し！

　1903年オープンの屋内マーケット。ストリートフードを中心とした約15店舗の飲食店が軒を連ねます。屋外広場は市民参加型のフリーマーケット（アンティークマーケット）で、昼前後が狙い目です。フィンランドブランドを中心に、状態の良いものや、かなりレアなアイテムまでお宝が出揃います。気になる商品を見つけたら気軽に店主に声をかけて、値段などの詳細を確認しましょう。

マリメッコのビンテージドレス、イッタラやアラビアのレアアイテムが見つかることも。

📍 Lönnrotinkatu 34, 00180 Helsinki
www.hietalahdenkauppahalli.fi
8:00〜18:00（水・木曜20:00、金・土曜23:00）、
日曜10:00〜16:00／
フリーマーケット＝8:00〜18:00（土曜16:00）、
日曜（夏季のみ）10:00〜16:00
※祝祭日は休業する場合もあるのでウェブサイトで確認を
トラム6番「Hietalahdentori」より徒歩1分
MAP▶P.8　C-2

1.屋外のフリーマーケット（Kirpputori＝キルップトリ）は掘り出し物を探すのが楽しい。2.トレンディなストリートフード店が並ぶ。

1.夏季は、貴重なフィンランド産のビーツなどの野菜が並ぶ。2.屋台のテントで、旬の味を楽しむ人々。3.ザリガニは、ディル入りのお湯で茹でたもの。身は少ないが濃厚でとてもおいしい。

Helsinki Farmers' Market

ヘルシンキ・ファーマーズマーケット

生産者が集まる農家直送マーケット

　春から夏と、クリスマスのシーズンの週末に開催される地産地消の農家直送マーケット。果物、野菜、スモークした魚、ハチミツ、アイスクリームなどのオーガニックな食材が販売されます。屋台では、夏のごちそうで高級食材のザリガニ（Rapu）やフィンランドのクレープ（Lettu）などを味わうこともできます。開催場所と日時は不定期なので、事前にウェブサイトをチェック！

 📍 helsinkifarmersmarket.fi

Ruohonjuuri Mansku

ルオホンユーリ・マンスク店

オーガニックショップ

国内最大級のオーガニックショップ

　国内外の選りすぐりのオーガニック＆サステナブル製品を取り扱うショップ。2022年春にカンピ店が移転、拡張し、新たにマンスク店が誕生しました。ベジタリアンやヴィーガンはもちろん、そうでない人も「身体に良いものを取り入れたい」と気軽に立ち寄っています。

　1982年のオープン以来、国内に15店舗を構える人気チェーン店で、フィンランド産にこだわったオーガニック食品から、ナチュラルコスメ、ビューティケア、サウナ用品、家庭用のクリーニング製品まで幅広く揃います。人気ナチュラルコスメブランドのフランシラやハヴなどもラインナップが豊富。白樺の葉のお茶や白樺の樹液水、乾燥ベリーなどもおすすめです。。

1.充実の品ぞろえが◎。2.エコ＆ヴィーガンブランドのオレフゥヴァ。ハンドソープとシャワーソープ各€9,95。3.フランシラの保湿効果大でハーブの香りが良い顔用クリーム（左）と、リラックス効果があり手首や耳の裏に塗る香油（右）。

📍 Mannerheimintie 7, 00100 Helsinki
030 6219 010
www.ruohonjuuri.fi
9:00〜21:00（土曜19:00）、
日曜12:00〜18:00、無休
トラム1・2・4・10番「Lasipalatsi」より
徒歩1分
MAP ▶ P.8　**B-2**

ラベルに注目！

　食品や日用品を買う際、ラベルから産地や製造方法がわかると安心。原材料の75％以上に国産品を使用した食品に付くスワンのラベルの食品情報協会のマーク（左）や、フィンランドで生産された食品や製品に付く、フィンランド労働協会による国旗マーク（右）のほか、国産野菜やオーガニック食品のラベルもあり。

4.ヘルシンキでつくられるヴィーガンのチョコレート「グーディオ（Goodio）」€9,90。5.ルオホンユーリとは、「草の根」という意味。自らを「ハッピーな食品店」と呼んでいる。

フィンランドのコーヒー文化

暮らしに欠かせないコーヒー

　フィンランドの暮らしを語る上で、欠かせないのがコーヒーです。ひとり当たりのコーヒー消費量が世界いちのフィンランドでは、1日を通してコーヒーを飲む習慣があります。朝起きて1杯、出社後に1杯、ランチ後の1杯、午後休憩の1杯、と1日に4〜5杯は飲みます。主流は酸味のきいた浅炒りコーヒー。フィンランドのやわらかくピュアな水には浅い焙煎が合い、毎日たくさん飲むにはそのほうが健康に良いそうで、飲み方はブラックが多数派。家庭や職場ではモカマスターというコーヒーメーカーがポピュラーですが、こだわり派はハンドドリップなどで淹れます。若者はカプチーノやラテ系を飲む人も増えていますが、エスプレッソ系は少数派。スターバックスは観光客が入っている印象で、フィンランド人に人気なのはロバーツコーヒー（P.58）です。

酸味の強いエチオピア産のコーヒー豆。

禁酒時代を経て

　フィンランドにコーヒーが伝わったのは、まだスウェーデンの一部だった18世紀初頭。当時は特権階級のみに許された飲み物でしたが、その後徐々に一般家庭に浸透していき、戦争で輸入が禁止された時代を経て、現代ではコーヒーはフィンランド人の日常生活に欠かせないものとなりました。

　日照時間が短い北欧各国では、興奮・覚醒作用のあるカフェインを多く含んだコーヒーを、喉の乾きを潤すだけでなく、心身の健康を保つための飲み物として頻繁に口にします。1919〜1932年頃、フィンランドでは飲酒が社会問題となり、蒸留酒の製造が禁止され、販売できるお酒にアルコール度数制限があった時代がありました。寒い気候のため、身体をあたためリラックス効果もあるアルコールの消費量も多い国ですが、お酒が飲めないとなれば、代わりとなる嗜好品への需要が自ずと高まりました。

人気のモカマスター（Moccamaster）はオランダ製。

ヘルシンキ市内のカフェにはハンドドリップのこだわり派コーヒーが飲めるところもある。

働く人の権利とされている 「コーヒー休憩」

フィンランドは世界で唯一、働く人の権利として「カハヴィタウコ（Kahvitauko＝コーヒー休憩）」が法律で定められています。カハヴィはフィンランド語で「コーヒー」、タウコは「ひと息、休憩」の意味で、おいしいコーヒーとお気に入りの菓子パンなどでひと息入れ、心と身体をリフレッシュする時間を指します。

雇用契約書に書かれている場合もあり、時間は業界や職種により異なりますが、オフィスワーカーは1日8時間勤務の間に15分間のコーヒー休憩が2回、スーパーマーケットの店員は6時間以下の勤務なら10〜15分休憩が1回、バスの運転手は4時間30分以上の運転で45分休憩が1回など、それぞれに定められています。

コーヒー休憩は職場でのコミュニケーションとして重要な役割も果たしており、上司と部下の関係もなく他愛もない話で盛り上がります。夜の飲み会はピックヨウル（Pikkujoulu）とい

う年に1度のクリスマス会の時くらい。オフィスのコーヒー休憩をする部屋は、座り心地のよい椅子を置いたり、インテリアに明るい色を採り入れたりと、リラックスできる空間づくりにも力を入れています。

サワークリームを使ったラハカプッラ（Rahkapulla）は甘さ控えめで、酸味の強いコーヒーと相性◎。

Pulla
プッラ

【 甘い菓子パン 】

1. フィンランド語で「平手打ちされた耳」の意味のシナモンロール。カルダモン、シナモン、バターがふんだんに練り込まれたモチモチの生地の上に大きなパールシュガー（Raesokeri＝ラエケソリ）がのっている。フィンランド家庭のおやつの定番。

2. カルダモンが練り込まれた生地に、甘さ控えめのサワークリームがたっぷり入り、上にブルーベリーをトッピング。ラズベリー、イチゴなどをのせることも。

3. カルダモンのスパイスがきいた生地に、カルダモンのパウダー入りサワークリームがたっぷり入ったプッラ。

4. カルダモンのスパイスがきいたパン生地の中央の、眼のように見える窪みにバターがたっぷりと入っている。フィンランド語で「バターの眼」、通称「目玉パン」で知られる。

5. 2〜3月限定の伝統菓子。カルダモンのスパイスがきいたずっしりと重めのパンをくり抜き、なかにアーモンドペーストかラズベリージャム、生クリームをのせてフタをし、最後にアーモンドスライスを飾る。

6. 1月〜2月5日頃に食べられるタルト（Torttu）。フィンランドの偉大な国民的詩人、ヨハン・ルーネベリが好きだったことが名前の由来。円柱型のスポンジの上にラズベリージャム、そのまわりを砂糖でアイシング。

2. **Mustikka rahkapulla**
ムスティッカ・ラハカプッラ

1. **Korvapuusti**
コルヴァプースティ

3. **Kardemumma rahkapulla**
カルデムンマ・ラハカプッラ

4. **Voisilmäpulla**
ヴォイシルマプッラ

5. **Laskiaispulla**
ラスキアイスプッラ

6. **Runebergintorttu**
ルーネベリントルットゥ

フィンランドの甘いもの

フィンランド人のコーヒー休憩（カハヴィタウコ）のお供に欠かせないスイーツ。ここでは代表的な甘い菓子パンと季節のスイーツをご紹介します！

Kausiluonteiset herkut

カウシルオンテイセット・ヘルクット

【 季節のスイーツ 】

1.
Pannukakku
パンヌカック

2.
Mämmi
マンミ

3.
Jäätelö
ヤーテロ

4.
Joulutorttu
ヨウルトルットゥ

5.
Omenamunkki
オメナムンキ

6.
Mansikkakakku
マンシッカカック

7.
Mustikkapiirakka
ムスティッカピーラッカ

1. 四角い天板に入れオーブンで焼いたもっちりとしたシンプルな生地のフィンランドのパンケーキ。カルダモンのかかったホイップクリームとイチゴやベリーのソースをかけて食べる。木曜日は豆スープ（P.61）とパンケーキの日とされ、ランチ時間に食べる習慣がある。

2. イースターに食べられる伝統菓子。ライ麦とモルトを発酵させた真っ黒なプディング状のもので、あたためたクリームや砂糖をかけて食べる。見た目、食感、味も独特で、ライ麦味が強い。

3. フィンランドでは世界消費量がトップクラスのアイスクリーム。夏は街中に屋台が出て真冬でも歩きながら食べる姿を見るほど。フィンランドらしい味は、ブルーベリーやリコリスなど。ヴィーガンに対応した「3 Kaveria＝コルメ カヴェリア」はスーパーで買える人気ブランド。

4. クリスマスの伝統菓子。サクサクの生地で中央にプルーンのジャムをのせる。手裏剣のような形やエンジェルなど形はさまざま。カルダモンやシナモンのきいたホットワイン、グロッギ（Glögi）と一緒に食べる。

5. リンゴ（Omena）のジャムがたっぷりと入った半月型のドーナツ（Munkki）。カルダモンのスパイスと砂糖がまぶしてあり甘め。酸味のきいたコーヒーと相性ぴったり。

6. 夏季限定で登場するイチゴ（Mansikka）のケーキ（Kakku）。小ぶりで甘くておいしいフィンランド産のイチゴと生クリームをたっぷり使ったスポンジケーキ。

7. 森で摘んだりマーケットで購入したブルーベリー（Mustikka）で家庭でも夏の間よくつくられるブルーベリーパイ。ビタミンたっぷりのブルーベリーをふんだんに使うのがポイント。好みでバニラソースをかけて食べる。

Café Engel
カフェ・エンゲル

カフェ

とっておきの窓際席からは大聖堂を目の前に贅沢なひと時を。

ヘルシンキ大聖堂を望める老舗カフェ

　クラシカルな内装の店内に季節の花が生けられ、落ち着いた雰囲気のカフェ。朝から夜遅くまで営業している数少ない貴重なお店で、モーニングからランチやディナーまで、利用可能。夏は中庭で野外映画上映会などイベントも開催されます。

　ケーキはどれもとてもおいしくて約10種類ほどあるので迷ってしまいますが、おすすめはベリー系のケーキ。リンゴンベリー（コケモモ）のケーキ€8,40は甘さ控えめで酸味がきいていて、ハウスコーヒー（おかわり自由）€3,90とぴったり合います。あっさりと飲みやすいサーモンスープ€14,30も人気のメニュー。注文はカウンターで済ませ、コーヒーはセルフサービス。ぜひ窓際席をキープしてくださいね。店舗は1765年に建てられたヘルシンキ最古の石造りの建築物のひとつ。ファサード部分のデザインはヘルシンキ大聖堂（P.18）も設計したカール・ルドヴィク・エンゲルによるものです。

1.また食べたくなるリンゴンベリーのケーキ。
2.事前に電話をすれば窓際席を予約できる。
3.サーモンとジャガイモがごろごろと入ったスープ。4.壁には元老院広場の設計のドローイングが飾られている。5.いつも地元の人でにぎわっている。

📍 Aleksanterinkatu 26, 00170 Helsinki
09 652 776
www.cafeengel.fi
8:00（土曜9:00）〜21:00、
日曜10:00〜19:00、無休
トラム2・4・5・7番
「Senaatintori」より徒歩1分
MAP ▶ P.9　B-3

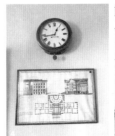

Karl Fazer Café
カール・ファッツェル・カフェ

カフェ

4

老舗チョコレートブランドの本店カフェ

　フィンランドのおいしいチョコレートで有名な
ファッツェル社本店のカフェとショップ。本店な
らではのラインナップで、チョコレートやベリー
系のケーキの種類が豊富です。甘いものが食
べたくなったらここがおすすめ。プッラなどの
菓子パンや、エビのオープンサンドなどの軽食、
朝食ブッフェ、野菜がたっぷり摂れるランチサ
ラダ、スープブッフェも人気。街ゆく人々を眺め
られる窓際席もいいけれど、歴史を感じさせる
立派な天井が印象的な店内奥では、静かな雰
囲気のなかでおいしいケーキを味わえます。

1.15種類以上のケーキが並ぶ。2.入って左がカフェ、右が
ショップコーナー。3.ムーミンとのコラボ商品も。4.入り口左
横には、創業1891年と書かれたカール・ファッツェルのイラス
トが。

ファッツェル・エクスペリエンス・ビジターセンター

　ヘルシンキの北東、ヴァ
ンター市にあるファッツェル
工場はビジターセンターを併設。1時間のガ
イド付きツアーがあり、ファッツェル製品や創
業者のカール・ファッツェル、会社の歴史など
興味深い内容を学べます。ツアーの最後には、
チョコレートとキャンディを好きなだけ食べら
れる試食コーナーがあります。

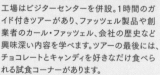

Kluuvikatu 3, 00100 Helsinki
040 5902 434
www.fazer.fi
7:30（土曜9:00）～22:00、
日曜10:00～20:00、無休
トラム2・4・5・7番
「Aleksanterinkatu」より徒歩1分
MAP▶P.9　B-3

Fazerintie 6, 01230 Vantaa／09 8762
040／www.visitfazer.com／9:00～
18:30、土曜10:00～16:30、日曜11:00～
16:30、無休／一般：€15,50（事前にチケッ
ト購入を）／ヘルシンキ中央駅よりメトロで東
へ、「Mellunmäki」駅下車後、バス572Kか
587番で7分「Fazerila」下車すぐ
MAP外

Kappeli

カッペリ

カフェレストラン

1867年創業の歴史あるカフェレストラン

　エスプラナーディ公園内にあるガラスの建物。入って
左手にカフェ、中央にバー、右手にレストランがあります。
カフェでは、ランチタイムの日替わりスープのほか、ケー
キやサンドイッチなどをいただけます。窓からマーケット
広場が見え、落ち着いた雰囲気のなかでゆったりと
ティータイムを楽しむのにぴったりの場所。レストランで
は、トナカイのステーキ€45や、サーモンのグリルとワイ
ルドマッシュルームソース€37、3品コースには芸術家た
ちが集ったことに由来して名付けられた「シベリウスメ
ニュー」€68などがあります。春先は旬のホワイトアスパ
ラガスの料理、冬はブリニ（蕎麦粉を使ったパンケー
キ）もおすすめ。

Eteläesplanadi 1, 00130 Helsinki
010 7663 880
www.kappeli.fi
10:00〜23:00（土・日曜24:00）、
無休
トラム2番「Kauppatori」より徒歩1分
MAP ▶ P.9　B-3

1.カフェ、レストラン、バースペースに分かれており用
途によって使い分けができる。2.冬限定のブリニに
添えられる、キノコや酢漬けキュウリ、サワークリーム。
ほかにサーモンタルタルも相性が良い。3.レモンメ
レンゲケーキ€8,50など、約5種類のケーキが並ぶ。
4.夏季はテラス席に座ると野外ステージの音楽が
楽しめ、にぎやかな雰囲気を味わえる。

Johan & Nyström
ヨハン・アンド・ニュストロム

カフェ

本格焙煎！コーヒー好きはぜひ訪れたい

　港沿いにある赤レンガ造りのカフェ。こだわりの豆を使い、本格的なコーヒーが飲めるとあって、コーヒー好きが集まります。心地のよい家具や照明があたたかな雰囲気を演出しつつ長居したくなる空間です。フィンランドの一般的なコーヒーの酸味や苦味が苦手という方には、このカフェがおすすめ。約3種類の豆を用意しており、コーヒー€3,70〜。2杯目は無料で別の種類のコーヒーを淹れてくれるので、2種類味わえるのがうれしいポイント。

　シナモンロール€4、ヨーグルト＆グラノーラ€4,50、スイーツなどのほか、コーヒー豆やハンドドリップ器具なども販売。吹き抜けの天井が気持ち良く、階段をのぼった2階では、コーヒーの淹れ方やバリスタのレクチャーなども開催されます。

1.世界各地の選りすぐりの豆を使ったコーヒーを、ていねいに淹れてくれる。2.すっきりと飲みやすいブラジル産のコーヒー€3,70。3.週末の朝は、近所の人たちが散歩がてらコーヒーを飲みに立ち寄る。4.目の前はバルト海で、テラス席からはヨットやボートを望める。ウスペンスキー寺院（P.22）そばにある。

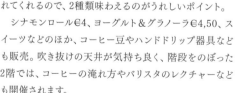

 Kanavaranta 7C-D, 00160 Helsinki
040 5625 775
johanochnystrom.fi
10:00〜18:00（土・日曜17:00）、無休
トラム4・5番「Ritarihuone」より徒歩5分
MAP▶P.9 B-4

Café Esplanad

カフェ・エスプラナード

カフェ

1日を通して利用できる

地元の人と観光客でいつも混んでいる、エスプラナーディ通り沿いの好立地カフェ。パリっぽい雰囲気の店内とテラス席が人気です。サラダは、エビ、サーモン、モッツァレラチーズ、アーティチョークなど約10種類から好きな具材が選べ、2種類€13,50、3種類€15,50（パン付き）。大きなシナモンロールや菓子パンもぜひ。

Pohjoisesplanadi 37, 00100 Helsinki
09 665 496
www.esplanad.fi
9:00（土曜10:00、日曜11:00）〜19:00、無休
トラム1・2・3・4・5・6・10番
「Ylioppilastalo」より徒歩2分
MAP ▶ P.9　B-3

1.夏はテラス席が人気。2.エビとカボチャのサラダ。トッピングはどれもボリューム満点。3.シナモンロールは、大きいので女性ふたりなら半分でちょうど良さそう。

Ekberg Café

エクベリ・カフェ

カフェ

フィンランド最古の
ベーカリーカフェ

ブレヴァルディ通り沿いにある、伝統的なスイーツや自家製パンが評判で老若男女から愛されている、1852年創業のカフェ。おすすめの朝食ブッフェ€15,90は、焼きたてのパンやエクベリ定番の厚焼き卵などが楽しめます。日替わりのランチ€12,90やヘルシーでおいしいサラダも人気。デリとベーカリーも併設。

Bulevardi 9, 00120 Helsinki
09 6811 860
www.ekberg.fi
7:30〜19:00、土・日曜9:00〜18:00、無休
トラム1・3・6番「Fredrikinkatu」より徒歩1分
MAP ▶ P.8　B-2

1.閑静な通りにあり、早朝から夕方まで地元の人たちでにぎわう。2.夏限定のエクベリ定番のイチゴタルト€7,90。3.ボリューム満点の朝食をとれば、朝からエネルギッシュに！

Robert's Coffee Jugend

ロバーツコーヒー・ユーゲンド店

カフェ

地元で人気のコーヒーチェーン

「フィンランドのコーヒー王」の異名を
持つエドワード・パウリグを祖父に持つ
ロバート・パウリグが1987年に創業した
コーヒーショップ。中央駅構内をはじめ
街の至るところにあり使い勝手が良い
です。ユーゲンド店は地元の人気店。ラ
ンチはサラダ、パン、スープ、アイスク
リームやコーヒーが食べ放題のブッフェ
形式で€13,90。

Pohjoisesplanadi 19, 00100 Helsinki
044 7260 008
robertscoffee.com
10:00（土曜11:00）〜19:00、
日曜12:00〜18:00、無休
トラム2・4・5・7番「Senaatintori」より徒歩2分
MAP▶P.9 B-3

1.優雅な雰囲気のユーゲンド店。天井
壁画のある店内にはピアノが置かれ、
奥にはゆったりしたソファ席も。2.自
社で焙煎したおいしいコーヒー。紅茶
やチャイ、ソーダなどもある。3.ベジタ
リアンメニューも充実。

Levain Töölö

レヴァイン・トーロ店

ベーカリーカフェ

おしゃれな空間で
豊富な種類のパンを味わう

　朝食からランチ、週末ブランチまでひ
とりでも気軽に利用できるベーカリーカ
フェです。サワードウ生地を使い、石窯
で焼き上げられるパンがおいしい。サン
ドイッチやサラダ、エクレアなどのケー
キも人気。レンガ造りの建物で天井が
高いトーロ店のほか、2022年春にオー
プンしたメリコルッテリ店もあり、どちら
もゆったり過ごせます。

1.コロッとした形がかわいいクロワッ
サンはサクサクでバターの風味豊か。
2.ハード系のパンがとくにおすすめ。
3.アーチ型の大きな窓からはヘルシ
ンキ名物のトラムが見える。

Runeberginkatu 29, 00100 Helsinki
010 3229 389　www.levain.fi
8:00〜17:00（金曜20:00）、
土曜8:30〜20:00、日曜休
トラム1・2番「Sammonkatu」より徒歩1分
MAP▶P.8 A-1

◎メリコルッテリ店 MAP▶P.8 C-2

Patisserie Teemu Aura

パティスリー・テーム・アウラ

ベーカリーカフェ

おいしいパンとケーキが大人気！

　ヘルシンキっ子に評判の店。人気のパンはすぐ売り切れるので狙いは朝。サクサク食感のクロワッサンやフォカッチャが◎。繊細な見た目のプッラやケーキはサイズもほど良く、冬季限定のクロワッサン・ラスキアイスプッラは秀逸です。ラウッタサーリ、プナヴォリにも店舗があり、火〜土曜は移動販売車（プッラビーリ）も。

Siltasaarenkatu 12, 00530 Helsinki
050 5231 523　www.patisserietm.fi
7:30〜18:00、土曜9:00〜17:00、日曜休
トラム3・6・7・9番「Hakaniemi」より徒歩2分
MAP▶P.7　B-3

◎ラウッタサーリ店　MAP▶P.6　C-1
　プナヴォリ店　　　MAP▶P.9　C-3

1.ラズベリージャムと生クリームが入ったラスキアイスプッラは要予約。2.こぢんまりとした店内はいつも多くの客でにぎわう。3.プッラビーリは、テーブルや椅子も出るのでその場で食べられる。4.ビーチや住宅街など、出没情報はSNSでチェックを！

Café Signe

カフェ・シグネ

カフェ

海辺の優雅なカフェ

　クーシサーリ島の閑静な住宅地にあるヴィラ・ギレンバーグ美術館内のカフェ。アートコレクターだったシグネとアン・ギレンバーグの邸宅にあるプライベートコレクションを公開している美術館で、カフェは館内奥の海に面した部屋にあります。焼きたてのシナモンロールがおすすめ。カフェ利用のみの場合、美術館料は不要。

Kuusisaarenpolku 11, 00340 Helsinki
09 481 333
www.villagyllenberg.fi
12:00〜17:00、月・火・木・金曜休
トラム4番「Meilahdentie」下車後、510番バスで
7分「Kuusisaarenkuja」下車、徒歩4分
MAP▶P.6　B-1

1.アルテックのゴールデンベルの照明や家具が配された店内。2.ヨハンナ・グリクセンがこの美術館のためだけにデザインしたカップ＆ソーサーは美術館のショップで購入可能！各€45。3.ディドリシュセン美術館（P.29）から徒歩4分の場所にある。

Kalaruoka

【魚料理】

1. ムイックのフライ。サケ科の淡水魚ムイックを塩コショウで味付けし、ライ麦粉をまぶして揚げたフィンランド人の好物。ディル入りクリームソースをつけて。マーケット市場の屋台でも食べられる。

2. グリルドサーモン。北の海で育つサケ(Lohi)はやはり外せない！塩コショウのシンプルな味付けで、ほど良く脂がのっていてやわらかな身は絶品。

3. 日持ちするよう燻製にしたスモークサーモン。脂がのりトロッとした食感で、サラダやパンと一緒に食べる。

4. 身がやわらかくほろっと淡白な味わいで食べやすいクハ(スズキ科の白身魚)。ソースはザリガニなどを使ったクリームベースとよく合う。

5. サケ科の白身魚のソテー。脂味が少なくヘルシーなフィンランドで人気のシーカ(サケ科の淡水魚)は、焼くと皮がカリッと香ばしく身はやわらかくて美味。

6. 焼いたパンにエビマヨ、茹で卵がのったオープンサンド。レストランの定番メニューで、もとはスウェーデン発祥の料理。エビをマヨネーズで和えていない、フィンランド発祥のカトカラプレイパ(Katkarapuleipä)もある。

1.
Paistettuja muikkuja
パイステットゥヤ・ムイックヤ

2.
Grillattu lohi
グリラットゥ・ロヒ

3.
Kylmäsavulohi
キュルマサヴロヒ

4.
Paistettu kuha
パイステットゥ・クハ

5.
Kuullotettu siika
クーロテットゥ・シーカ

6.
Toast skagen
トースト・スカーゲン

フィンランドのごちそう

Ruoka

フィンランドの料理は、キノコやベリーなど森の恵みを食材に使い、ディルなどのハーブが多く使われるのが特徴です。サーモンやニシン、ミートボールやトナカイの肉には甘酸っぱいベリーを添えて。付け合わせはジャガイモ、味付けにはクリームが使われます。

Liharuoka
【 肉料理 】

Poronkäristys
ポロンカリトゥス

トナカイのソテー。脂肪が少なくヘルシーなトナカイの肉は臭みがなく、酸味のきいたリンゴンベリー（Puolukka）のソースと一緒に食べる。

Lihapullat
リハプッラット

家庭料理の代表、牛豚ミンチミートボール リンゴンベリーソース添え。クリーミーなブラウンソース（肉汁をベースにクリームが入ったソース）にベリーを添えて。

Pariloitu kana
パリロイトゥ・カナ

グリルチキン。鶏ムネ肉のグリルは、ヘルシーでキノコたっぷりのソースとよく合う。ガーリックポテトが添えてあることも。

Keitto
【 スープ 】

Lohikeitto
ロヒケイット

ジャガイモがゴロゴロ入ったクリーム系のサーモンスープ。魚の旨味が凝縮され味はさっぱり。ディルがアクセントになっている。

Hernekeitto
ヘルネケイット

カトリック教徒の断食の日の前日の木曜に食べられるようになったエンドウ豆のスープ。みじん切りのハムと玉ネギ、マスタードを入れて食べる。

Leipä
【 パン 】

Ruisleipä
ルイスレイパ

フィンランド人がもっともよく食べるライ麦パン。噛めば噛むほど味わい深くライ麦の香りが豊かなハード系。濃厚なバターとよく合う。

Voileipä
ヴォイレイパ

フィンランド人が毎日食べる定番のライ麦サンドイッチ。チーズ、キュウリ、トマトスライスなどをトッピング。

Piirakka
【 パイ 】

Karjalanpiirakka
カルヤランピーラッカ

カレリア地方の郷土料理、カレリアパイ。ライ麦粉のパイ生地にミルク粥を入れて焼き、潰した茹で卵をバターで和えたものをのせる。

Lihapiirakka
リハピーラッカ

生地に牛豚ミンチ肉と米を入れ揚げたミートパイ。リハは肉、ピーラッカはパイを意味する。

Muu ruoka
【 そのほか 】

Leipäjuusto
レイパユースト

ラップランド地方発祥のチーズ。噛むと歯にキュッと当たる食感が特徴。クラウドベリーと一緒に食べるのがポピュラー。

Jouluateria
ヨウルアテリア

フィンランドのクリスマス料理。豚肉の塊をグリルし、スライスして食べるハムがメインで、マスタードを付けて食べる。

Ravintola Savoy

ラヴィントラ・サヴォイ

フレンチ＆フィンランド料理 🍴

611チェアサヴォイを使ったテラス席。最上階の8階では、ヘルシンキの街並みを眺めながら贅沢な料理を味わえる。

アアルトの世界に浸る、優雅な時間を

　エスプラナーディ通りに面した建物の7, 8階にある老舗高級レストラン。1937年のオープン以来80年以上の歴史を重ね、今なお多くの人を魅了しています。アルヴァ＆アイノ・アアルト夫妻が設計し、ヘルシンキ市立博物館の保存対象となっているこの店は、開店以来の大規模な内装工事を経て、2020年3月にリニューアルオープンしました。改装と空間構成を担当したのは、イギリスのイルゼ・クロフォードとスタジオ・イルゼです。

　ロンドンで腕を磨いた実力派シェフ、ヘレナ・プオラッカさんがシェフパトロンを務め、フィンランド料理とフランス料理の融合に、ロシア料理のタッチも加え、サヴォイの伝統を守りながらも新しいメニューを生み出しています。ヘルシンキ大聖堂やウスペンスキー寺院が見えるテラスでは、ハーブガーデンで常時50種類のハーブや花を栽培し、ハーブはサラダ、食用の花はデコレーションにも彩りを添えます。「フィンランドの夏はとても短いので、夏はでき

1.リニューアルではアアルトの設計をいかしつつ、ソファ席の布が新たにストライプ柄に。2.ダイニングテーブルはすべて刷新され、イッタラのアアルトベースに花が生けられている。

3.オマールエビを使った絶妙なソースがかかったメインの白身魚。たっぷりの季節野菜と。4.キッチンの横にあるテーブルは、国民的英雄のマンネルヘイム氏がお気に入りだった席。

カフェ・サヴォイがオープン！

2022年11月、レストランがある建物の1階にカフェ・サヴォイがオープンしました。季節の食材を使った南仏料理を提供していて、ディナーは4品コース€65とアラカルト、ランチは3品コース€37。ベジタリアンにも対応しています。

る限り自給自足し、何も採れなくなる冬は、夏に摘んだハーブをハーブソルトにして料理に使っています」とヘレナさん。街が一望できる屋上では養蜂も行っており、自家製のハチミツはデザートに使用しています。

メニューはコースのみで、ランチ€67、ディナー€123〜。素晴らしい景色と贅沢な食事、アアルトの世界観を体感しに、ぜひ足を運んでみてください。

📍 Eteläesplanadi14,00130 Helsinki
09 6128 5300
savoyhelsinki.fi
11:30（土曜18:00）〜24:00、日〜火曜休
トラム2・4・5・7番
「Aleksanterinkatu」より徒歩4分
MAP ▶ P.9　B-3

ご来店を心より
お待ちしております！

シェフパトロンのヘレナ・プオラッカさんはとても気さくで素敵な女性。

Ravintola Olo
ラヴィントラ・オロ

モダンスカンジナビア料理

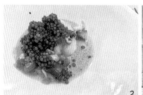

ミシュラン1ツ星店で贅沢な時間を

　2006年に創業し、2011年からミシュラン1ツ星を獲得している有名店。マーケット広場からすぐの好立地で200年以上の歴史を持つ建物に入っています。オロとはフィンランド語で「フィーリング」。この店のヘッドシェフを務めるのは、トゥオマス・ヴィエレラさん。地産地消にこだわり、ライブ感のある提供方法で、目でも舌でも楽しませてくれます。季節ごとに変わるコースメニューのみを提供していて、2時間制€129と3時間制€179の2コースがあり、アルコールペアリングはそれぞれ€118と€147。ノンアルコールやより高級なお酒を揃えたペアリングもあります。9年にもなる天然酵母を使用した焼きたてフワフワのサワードウブリオッシュも絶品！

1.メインの鴨肉はやわらかく絶品。サワードウブリオッシュともよく合う。2.肉厚なアンコウの上には贅沢にキャビアがたっぷりとのっている。3.シェフ自ら客前に出て、食材を見せながら説明してくれる。手に持っているのは熟成鴨肉。4.人気店なので余裕をもってオンラインから予約を。アレルギーや苦手な食材がある場合は事前に伝えて。5.デザートのチョコレートムースは、甘さ控えめで大人の味が楽しめる。

5

Pohjoisesplanadi 5, 00170 Helsinki
010 3206 250
olo-ravintola.fi
18:00（金曜16:00）〜24:00、日・月曜休
トラム4・5番「Ritarihuone」より徒歩2分
MAP▶P.9 B-3

Ravintola Nolla
ラヴィントラ・ノッラ

モダンスカンジナビア料理

ゼロウェイストのレストラン

　食糧廃棄のゼロをコンセプトにした店で、ノッラはフィンランド語で「ゼロ」という意味。サステナブルに重点を置き、地元産の旬の食材を使ったアラカルトとシェフのおすすめコース€54があります。素材の味をいかしつつ、食材の組み合わせ方にもアイデアが光ります。水を入れるガラスのボトルやバター容器は、ワインボトルを再利用。ナプキンやエプロンなども、ペットボトルを原料としてつくられたものを使用しています。小規模生産者による上質なワインと、自家製のクラフトビールも◎。ビール醸造の過程で出たビール粕はアイスクリームなどに作りかえています。細部までこだわりが詰まった店で楽しい発見も多いですよ。

1.焼きズッキーニに日本の味噌を絡めたひと皿（写真上）はまろやかな味わい。塩でグリルした白身魚（写真下）はやわらかい。2.旬の国産イチゴに、マスカルポーネチーズとバジルソースを添えたデザート。3.店内奥にはコンポストが置かれている。ベジタリアンやヴィーガンメニューにも対応。4.アイデアを出し合い、移民3人のオーナーが立ち上げた店。

📍 Fredrikinkatu 22, 00120 Helsinki
040 1639 313
www.restaurantnolla.com
17:00〜23:00（金・土曜24:00）、日曜休
トラム1・3番「Iso Roobertinkatu」駅より
徒歩1分
MAP▶P.8　**B-2**

Ravintola Ragu
ラヴィントラ・ラグー

1.心躍る素敵な空間。入り口を入って左手の奥の席が私のお気に入り。2.仔牛のステーキ、カリフラワーのピューレと温野菜添え。肉はやわらかくて絶品！3.パンは手づくり。ルバーブ、トマト、濃厚なブラウンバターなど4種類のソースが付く。4.イタリア産のワインから、サーモンの魚料理に合わせて供されたトスカーナ産の白ワイン。

五感で楽しむ美しい料理

　伝統的なイタリア料理からインスパイアされ、スカンジナビアの旬の食材をふんだんに使った美しい料理を堪能できる名店。クラシックな内装と繊細で綺麗な盛り付け、新しさが盛り込まれたとっておきのレストランです。私はお祝い行事などで利用します。

　おすすめは旬の食材を使ったシェフお任せのサプライズコース（3品コース€49、4品コース€55、5品コース€61）。アラカルトやラグーコース、ワインのセットメニューなどもあります。ワインはイタリア産を中心に種類が豊富。苦手な食材やアレルギーなどあれば、オーダー時に伝えましょう。ベジタリアンやヴィーガンにも対応しています。人気店のため予約してからお出かけください。

Ludviginkatu 3-5, 00130 Helsinki
09 596 659
www.ragu.fi
17:00〜24:00、日曜休
トラム10番「Kolmikulma」より徒歩2分
MAP ▶ P.9　B-3

Ravintola Kuu
ラヴィントラ・クー

モダンフィンランド料理

路地裏のモダンフィンランド料理店

　トーロ湾からすぐの路地裏にひっそりと佇む、1966年創業のアットホームなレストラン。クーとはフィンランド語で月の意味。伝統的なフィンランド料理とスカンジナビアのティストを融合させたモダンな料理が味わえます。国産の旬の食材を使い、昼はコース料理€33（2品）と€42（3品）を提供。夜はコース料理€54〜（4品）とアラカルトがあり、スモークサーモンスープ€20がおすすめ。風味が豊かな自家製パンと濃厚なバターもおいしいです。細部までシェフのこだわりが感じられる盛り付けは目でも楽しむことができます。料理に合うワインもていねいに説明してくれ、きめ細やかなサービスで、心地のよい時間が過ごせます。ホテル・フィン（P.87）の系列店。

1.夜コースのやわらかい牛肉と牛ハンバーグのグリル、ビーツなどの野菜添え。2.牛肉の煮込み赤ワインソースとマッシュポテトはバランスのとれたひと皿。3.デザートのミルクアイスクリームの上には甘酸っぱいブルーベリーがたっぷり。4.ビンテージスタイルの花柄の壁紙が印象的な店内。5.閑静な住宅街の一角にあり、昼はビジネス利用、夜は家族客などが多い。

Töölönkatu 27, 00260 Helsinki
09 2709 0973
ravintolakuu.fi
16:00（土曜14:00）
〜23:00（日曜22:00）、無休
トラム1・2・8番「Töölöntori」より徒歩2分
MAP ▶ P.6　B-2

Ravintola Elite
ラヴィントラ・エリート

フィンランド料理

芸術家たちが愛した名店

　1932年のオープン以来、フィンランドの著名な俳優や歌手、アーティスト、作家などが足しげく通い、愛されてきました。20世紀に活躍した俳優で歌手のタウノ・パロもそのひとり。ノスタルジックな雰囲気の店内には、往年のアーティストらによる芸術作品が飾られ、美術館のなかで食事をしているかのようです。

　名物料理は、タウノ・パロが大好きだったことから名付けられた「タウノ・パロ・スタイルのサーロインステーキの玉ネギクリームソース」€30。ステーキの上にソースがたっぷりかかっていてとてもおいしい。デザートのおすすめはフリッカン。アーモンドのサクサクとした生地のなかに、濃厚なバニラアイスクリームとクラウドベリージャム、キャラメルファッジが。コースはアーティストメニュー3品€57、ベジタリアンとヴィーガンコース€48のふたつがあります。

1.タウノ・パロにゆかりのある名物ステーキ。クリームソースがおもすぎず絶妙。2.見た目も繊細で美しいデザート「フリッカン」。3.クラシカルな雰囲気が贅沢な店内。4.トーロ地区にあり、夏は外のテラス席が人気。夜遅くまで多くの人でにぎわう。5.タウノ・パロが座っていたテーブル席には、名前の刻印プレートが飾られている。

 Eteläinen Hesperiankatu 22,
00100 Helsinki
09 6128 5200
www.elite.fi
13:00〜21:00、水・木曜12:00〜22:00、
金・土曜12:00〜23:00、無休
トラム1・2・8番「Apollonkatu」より徒歩1分
MAP ▶ P.8　A-1

Soup + More

スープ・プラス・モア

フィンランド料理

寒い冬にぴったりのスープ専門店

　ハカニエミ・マーケットホール（P.45）内にあるスープ専門店。日替わりで、定番の魚のスープ€13,50や、肉のスープ€12,50、野菜のスープ€10,50がラインナップ。旬の野菜が味わえ、身体が芯からあたたまるので、寒い冬はとくにおすすめです。混み合うランチタイムは相席も。テイクアウトもOK。オールド・マーケットホール（P.44）店もあります。

1.アスパラガスのスープ。食べ放題の自家製パンにはハーブオイルが添えられる。2.先に注文とお会計を済ませてから席に座る。3.新鮮なサーモンがたくさん入ったクリーミーでコクのあるサーモンスープ。

Hakaniemen kauppahalli,
Hakaniemen torikatu 1, 00530 Helsinki
050 5131 507
soupandmore.fi
11:00〜16:00、日曜休
トラム3・6・7・9番「Hakaniemi」より徒歩2分
MAP▶P.7　B-3

◎オールド・マーケットホール店　MAP▶P.9　B-3

Finlandia Café & Wine

フィンランディア・カフェ＆ワイン

フィンランド料理

たっぷり野菜のヘルシーランチ

　フィンランディア・ホールの改装工事に伴い、すぐそばに建てられたピック-フィンランディアは、会議やイベントなどに利用されています。トーロ湾沿いに面するこのカフェスペースは開放感があり眺めが良く、インテリアはアルテックやマリメッコでコーディネートされています。平日11時から14時までのランチブッフェは野菜がたくさん摂れておすすめ。

1.夏はトーロ湾を望めるテラス席が人気。2.観葉植物も飾られ心地のよい空間。3.ランチブッフェはスープ、サラダ、パンが食べ放題で€12,90。土曜11〜15時はブランチブッフェも提供していてジュース付き€29、スパークリングワイン付き€34。

Karamzininranta 4, 00100 Helsinki
040 6149 573
www.finlandiatalo.fi/fi/finlandia-cafewine/
9:00〜19:00（水〜金曜20:00）、
土曜11:00〜20:00、日曜休
トラム4・10番「Kansallismuseo」より徒歩4分
MAP▶P.8　A-2

Ravintola Kolme Kruunua

ラヴィントラ・コルメ・クルーヌア

フィンランド料理

正統派のフィンランド家庭料理

　1952年創業の老舗レストラン。店名は、「3つの王冠」という意味です。美しいステンドグラスに歴史を感じさせる店内は、アットホームな雰囲気で長年地元の人たちに愛されています。おすすめは伝統的なミートボール€19,10やサーモンのサンドイッチ€22,50、デザートは季節のフルーツを使ったブルーベリーパイ€10,20など。日曜に営業している貴重な店です。

Liisankatu 5, 00170 Helsinki
09 1354 172　kolmekruunua.fi/fi/
16:00（土・日曜12:00）〜翌1:00、無休
トラム3・6・9番
「Kaisaniemenpuisto」より徒歩8分
MAP ▶ P.9　A-4

1.店内奥がレストラン、手前にはバースペースがある。人気店のため予約必須。2.大きなミートボールはボリューム満点！ シェアするのもおすすめ。3.夏に訪れたら、フレッシュなブルーベリーパイをぜひ味わってみて。

Pompier Espa

ポンピエール・エスパ店

フレンチ

おしゃれなフレンチビストロ

　フレンチとフィンランド料理のフュージョンの人気ビストロ。地元の人で行列ができるランチタイムは野菜もしっかり摂れる日替わりランチ€13〜が人気。ディナーは貝柱とカリフラワーのピューレバジルソースや、鴨肉のロースト€34などがおすすめ。デザートにはぜひ、オーダーしてから焼き上げる店自慢のタルトタタンのキャラメルソースがけバニラアイス添え€14を。

Eteläesplanadi 8, 00130 Helsinki
09 663 300　pompier.fi/espa
11:00〜14:00、17:00〜23:00
（月曜はランチのみ、土曜はディナーのみ）、日曜休
トラム2番「Kauppatori」より徒歩2分
MAP ▶ P.9　B-3

1.リニューアル後、さらにおしゃれな店内に。2.牛肉のステーキ€37は、ミディアムでちょうど良い焼き加減。3.タルトタタンは焼くのに30分はかかるので、早めにオーダーを。

Friends and Brgrs
フレンズ・アンド・バーガー

ファストフード 🍴

フィンランド産食材の
絶品バーガー

　100%フィンランド産の食材を使用し
た地産地消の人気バーガーショップ。
オーダー後ひとつずつ手づくりされます。
毎朝ミンチされるパテはジューシーで、
手づくりバンズと農家直送の新鮮な野
菜とのハーモニーがたまらないおいしさ。
おすすめはアイオリバーガー。セットはフ
ライドポテトと炭酸飲料がつきます。

 Mikonkatu 8, 00100 Helsinki
044 2900 034
www.friendsandbrgrs.fi
10:30〜22:00、土曜11:00〜23:00、
日曜12:00〜21:00、無休
トラム5・7番「Mikonkatu」より徒歩4分
MAP▶P.9　B-3

1.ニンニクがきいたアイオリ
バーガーセット€13,90（単
品€8）。2.大きなガラスか
らは隣のアテネウム美術館
（P.28）が見える。

Fafa's
ファファス

ファストフード 🍴

手軽にヴィーガン料理

　人気メニューは、ベジタリアンや
ヴィーガン向けのファラフェルやフムス
入りのピタサンド。私のお気に入りは、
野菜たっぷりのファファスチキン。ピタブ
レッドにジューシーなチキンと、焼きナ
ス、サラダがたっぷり、キュウリのヨーグ
ルトソースがかかりボリューム満点！

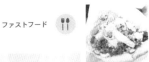

 Kauppakeskus Citycenter, Citykäytävä
00100 Helsinki（シティキャウタヴァ店）
044 2405 156
www.fafas.fi
10:30〜21:30（金曜22:30）、
土曜11:00〜22:30、日曜11:00〜20:00、無休
トラム3・5・6・7・9番
「Rautatieasema」より徒歩1分
MAP▶P.9　B-3

1.ファファスチキン€11,50。
好みでトウガラシをトッピ
ングできる。2.チキン・メゼ
€12,90は、ヒヨコ豆のファ
ラフェルとたっぷりのサラ
ダ。テイクアウト可能。3.市
内に17店舗あり。待ち時間
は5分ほど。

寒い気候のため、身体をあたためる目的でも度数の高いアルコールが飲まれることが多いフィンランド。ビールをはじめ、蒸留酒やベリーを使ったお酒など種類も豊富です。ぜひ、いろいろ試してみてくださいね！

※アルコールを販売する店と時間は法律で制限されている。ABV（アルコール度数）2.8～5.5%⇒スーパーマーケットとRキオスキ（コンビニ）で9～21時まで。ABV5.5%以上⇒アルコ（酒屋）で9～21時（土曜18時）、日曜休。酒類を含む嗜好品の消費税は24%

フィンランドの定番ビール

Karhu

カルフ

[シネブリコフ社]

1. 迫力ある熊（カルフ）が描かれたパッケージが印象的な風味の強いラガー。ABV：4,6%／€3,75。瓶もあり。**2.** フィンランドの森をイメージして白樺の葉で香りづけしたサウナビール。ABV：4,5%／€1,99。**3.** 白いパッケージのクラフトビールシリーズ。左からSpeltti IPA（麦）ABV：5,3%／€3,64、Vehnäolut（麦）ABV：5%／€3,58、Ruis IPA（ライ麦）ABV：5,3%／€3,69

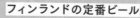

1 2

3

日本人の口に合う

Sandels

サンデルズ

[オルヴィ社]

辛口でドライな味。飲み口がすっきりとした味わいのラガー。ABV：4,7%／€3,59

アルコの看板。ヘルシンキ市内に42店舗、国内に514店舗あり（2023年現在）。

フィンランド

伝統菓子風の黒ビール

Mämmi

マンミ

[ライティラン社]

イースターに食べられるライ麦にモルトを混ぜて発酵させ、シロップを混ぜて焼いたプディング状のスイーツ「マンミ」味のスタウト。甘くて香ばしい。ABV：5,5%／€2,89

喉ごし
まろやか

Aura

アウラ

[ハートウォール社]

マイルドな口当りでホップのアロマ感も感じられるビール。喉越しまろやか、私のお気に入り。ABV：4,5%／€3,79

フルーティなジンリカー

Puolukka
Gin-Likööri

プオルッカ・ジンリコーリ

[ヘルシンキ蒸溜所]

リンゴンベリーのジンリカー。ジンベースに、甘さ控えめの深いアロマの香りでコケモモの酸味がきいている。ABV：26%／€34,09

フィンランド人に人気のロンケロ

Original Long Drink

オリジナル・ロング・ドリンク

[ハートウォール社]

ジンベースのグレープフルーツジュース味のロングドリンク（フィンランドでは「ロンケロ」と呼ばれる）。クランベリーやライム味などもある。ABV：5,5%／€2,74

フィンランドならではの
ベリー酒

Lapponia

ラッポニア

[ペルノリカールフィンランド社]

フルーティで少し甘めのクラウドベリー味のリキュール。ブルーベリー味、クランベリー味もある。女性にもおすすめ。ABV：21%／€14,49

Kyrö Distillery
キュロ・ディスティラリー

左／かつて乳製品工場として使われていた1908年建造の建物。右／ウイスキー工場内を案内してくれるミコさん。

フィンランド発！注目のジン

　ヘルシンキの北西約400kmにある小さな村、イソキュロ（Isokyrö）にあるジン＆ウイスキー蒸溜所。澄んだ空気と豊富な水を使い、フィンランド産全粒ライ麦100%を使用したスピリッツをベースに、白樺の葉、シーバックソーン（グミ科の植物）、クランベリーなど16種類の植物でジンを造っています。仲間5人がサウナでライ麦ウイスキーへの熱い思いを語り合って2013年にスタート、2023年現在の社員は30名に。日本でも人気上昇中の注目ブランドです。

Oltermannintie 6, 61500 Isokyrö／kyrodistillery.com／土曜12:00〜19:00のみ営業（※夏季のみ12:00〜19:00、日・月曜休業）／工場見学ツアー（約1時間15分）毎週土曜13:30〜／€12（テイスティングは別途€23）英語ツアーは事前に要予約（visit@kyrodistillery.com）／ヘルシンキ中央駅からテルヴァヨキ（Tervajoki）駅までインターシティで3時間25分（€45）、駅からタクシーで10分（約€20目安）　　　　　　　MAP外

のアルコール

Alkoholi

ジンベースのロンケロ

Helsinki Long Drink

ヘルシンキ・ロング・ドリンク
[ヘルシンキ蒸溜所]

柚味とピンクグレープフルーツ味がある。ABV：5,5%／€3,86

フィンランド産のベリーワイン

Ainoa Silkki

アイノア・シルッキ
[アイノア社]

ドライでフルーティな味わいのフィンランド産のブルーベリーワイン。ABV：12,5%／€20,49

サルミアッキのウォッカ

Koskenkorva Salmiakki

コスケンコルヴァ・サルミアッキ
[アルティア社]

真っ黒で、塩気のきいたリコリス味のウォッカ。プラスチック容器なので持ち帰りやすい。ABV：32%／€14,69

フィンランドでもっとも有名なウォッカ

Finlandia

フィンランディア
[アルティア社]

高純度の天然氷河水と最上級の六条大麦から造られる、1888年誕生のプレミアムウォッカ。2003年以降のパッケージは、ハッリ・コスキネンによるデザイン。ABV：40%／€2,99

Bier-Bier
ビエール - ビエール

バー

大人の雰囲気のおしゃれビールバー

　国内外150種類のおいしいビールを常時取り
揃え、8つのビールサーバーに加え、瓶ビールも
豊富に扱うバー。フレッシュ&クリスピー、ダー
ク、サワーなどカテゴリー分けされており、好み
の味を伝えるとフレンドリーな店員がおすすめ
を出してくれ試飲も可能。おすすめはフィンラ
ンドのクラフトビール「レモン・リコリス・サ
ワー・クールヘッド・ブリュー」€9,90。ほのか
に香るレモンとリコリス（甘草）を使ったユニー
クなビールで飲みやすいです。

　ビールのほか、スペインやフランス産の10種
類のサイダーや小さなワイナリーから輸入した
20種類のワインなども堪能できます。ひとりで
も気軽に立ち寄れる雰囲気で、窓際のカウン
ター席が人気。

1.古い建物は、アンティークな内装がま
るでミュージアム。2.重厚感あるソファ
や椅子でゆったりとくつろげる。3.窓際
の席からはトラムが行き交う風景が見え
る。4.レモン・リコリスはヘルシンキ郊外
トゥースラのマイクロブルワリー「クール
ヘッド」製のクラフトビール。

Erottajankatu 13, 00130 Helsinki
044 2406 326　www.bier-bier.fi
16:00〜翌1:00、金曜15:00〜翌2:00、
土曜14:00〜翌2:00、日・月曜休
トラム10番「Kolmikulma」より徒歩1分
MAP▶P.9　B-3

Corona Baari & Biljardi

コロナ・バーリ・アンド・ビリヤルディ

バー

映画監督カウリスマキファンの聖地へ

　著名なフィンランド人映画監督アキ＆ミカ・カウリスマキ兄弟がオーナーを務めるバー。映画ファンにとっても、ヘルシンキで彼らの映画の世界観が味わえる場所として人気です。兄弟の作品は、淡々と描かれる人間模様からやさしさや希望を感じられ、独特の表現で人々の心に残る名作ばかり。倉庫を改装した店内は薄暗い照明で、バーカウンターの後ろには台が7つ並ぶビリヤードエリア。1台の料金は17時までは1時間€7,20、17時以降は€15。週末にはDJによる音楽イベントなども。

　2021年にはヘルシンキの北西にあるカルッキラ（Karkkila）の町に、アキが映画館＆バーを新たにオープンしました。

カルッキラへはヘルシンキのカンピ長距離バスターミナルよりバスで1時間15分の「Karkkila」下車（片道€6,80〜）、徒歩15分。

1.映画のセットのような空間で飲めるのが楽しい。カクテル€10の種類も豊富。2.ボヘミアンな外観。3.週末はビリヤードが混むのでお早めに。4.店内の壁には、昔の映画の白黒写真が飾られている。

Traverssikuja 3, 00510 Helsinki
020 1751 620
www.facebook.com/CoronaBaari
15:00〜24:00（金曜翌2:00）、土曜13:00〜翌2:00、日・月曜休
トラム9番「Pasilan konepaja」より徒歩1分
MAP ▶ P.6 A-2

サウナの後は外気浴で身体をクールダウン。

フィンランドのサウナ

紀元前のフィンランドのカレリア地方で、食糧を貯蔵したりスモークするための部屋で沐浴するようになったことがはじまりという説もあるサウナ。薪ストーブの上の石を熱し、その石に水をかけることで噴き出す蒸気を浴びるのがフィンランド式です。サウナの後は、肉体・精神的、魂までもが浄化され、深い眠りにつくことができます。現在は各家庭をはじめ、会社、公共サウナ、ホテル、ボートなど多くの場所に完備されており、観覧車型の「スカイウィール・ヘルシンキ」というアトラクション的なものまで、多種多様なサウナがあります。その数、人口約556万人（2023年3月時点）に対して推定300万個とも。

湖畔にある薪サウナでは、目の前の湖でそのまま泳いで火照った身体を冷やす。

フィンランド人にとってサウナとは、身体をあたためるだけではなく、心のよりどころのような場所でありコミュニケーションの場としても大切なもの。昔はサウナのなかで出産をしたり、遺体を洗う場所としても使われましたが、それはサウナ内の温度が高く細菌が入らず清潔で神聖な場所とされていたためです。

サウナのなかではすべての人が平等。シャイなフィンランド人もサウナではオープンになり、見知らぬ人同士でも気軽に話します。不思議なことにサウナでは本音を聞くことができます。フィンランドに来たら、ぜひ本場のサウナを心ゆくまでご堪能ください！

森で摘んだ白樺の葉を束ねてつくるヴィヒタ。サウナ室には白樺の香りが広がる。

覚えておきたいサウナ用語

電気サウナ: Sähkösauna	電気ストーブであたためるサウナ。フィンランドでもっともポピュラーなタイプ。
薪サウナ: Puusauna	薪ストーブであたためるサウナ。煙突あり。
スモークサウナ: Savusauna	締め切ったサウナ室で薪を焚き、室内を煙と熱で満たした後に少しずつ煙を逃し、その余熱で楽しむ。燃えた薪の香りとおだやかな蒸気が特徴の伝統的サウナ。煙突なし。
ロウリュ: Löyly	熱したサウナストーンに水をかけて発生させる蒸気。体感温度を上げて発汗作用を促進する効果がある。サウナストーンにはアロマオイル入りの水や、ビールをかけて香りを楽しむ。
ヴィヒタ: Vihta	東部ではヴァスタ(vasta)とも。白樺の葉っぱを束ねたもの。身体を叩く(ウィスキング＝whisking)と血行が促進され、白樺の香りでリラックス効果も。
アヴァント: Avanto	冬に凍った海や湖につくるアイスホール。冷たい水のなかに入るとピリピリと全身が突き刺さるような痛さを感じ感覚がなくなっていくが、その後は身体がポカポカになる。
ロウリュカウハ: Löylykauha	サウナストーンに水をかけるためのレードル。
サウナキウル: Saunakiulu	サウナストーンに水をかける際に水を入れる桶。

サウナの効能

・血行促進(腰痛や肩凝り、むくみなどの解消、疲労回復に効果的)
・発汗作用(老廃物を流すため、美肌効果も期待できる)
・免疫力向上(体温が38℃を超えるとHSP＝ヒートショックプロテインが生成される)
・自律神経調整(体温変化により交感神経と副交感神経のバランスが正常化される)

サウナの基本

・公共のサウナのほとんどは男女分かれており、裸で入る(男女混合の場合は水着着用)。
・フィンランドのサウナ室の温度は80〜100℃ほど。
・サウナベンチは3段式が一般的で上の段ほど設定温度が高い(下段70℃、中段80℃、上段90℃目安)。
・サウナ室で大声で話すのはご法度。静かな時間を過ごして。

サウナストーンであたためられた銀のタンクのお湯をサウナ後のシャワーに使う。

サウナの入り方

1. 更衣室で着替え、シャワーで身体をきれいに洗って裸で(または水着で)サウナ室へ。サウナシート(ホテルや公共サウナでは入り口に使い捨てが置いてある)をお尻の下に敷いてサウナベンチに座る。

2. サウナストーンに水をかけ、ロウリュ(蒸気)を楽しむ。水をかける際はまわりの人にひと言「Voinko heittää löylyä?(ヴォインコ ヘイッター ロウリュア?)＝石に水をかけても良いですか?」を忘れずに!

3. 適度な汗が出てきたら(10〜15分が目安)サウナ室を出てシャワーで汗を流し外気温で休憩。湖や海に面している場合は飛び込んで泳ぐことでクールダウン。冬はアイススイミングや、雪の上に寝転がることも。

適度に水分補給をしながら、自分のペースで 2 〜 3 を繰り返す。

ホテルにある電気サウナ。好みの熱さで、座る位置を選んで。

Uusi Sauna
ウーシ・サウナ

薪サウナ・電気サウナ

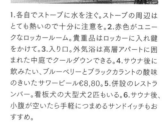

地域密着の都市型こだわりサウナ

　サウナとレストランバーの複合施設で、ヘルシンキ中心部の西に広がる海岸近くにあります。ウーシは「新しい」の意味。サウナマット、バスタオル、バスローブなどは、すべてマリメッコでコーディネートされています。金・土曜は地元の人たちで混雑しますが、それ以外は比較的空いていることも。裸入浴が基本の男女別サウナは、ストーブの火力にエコロジーな木質ペレットが使用されており、週末は水着着用の混浴電気サウナも楽しめます。

　外気浴やサウナあがりにバーエリアでくつろぐ際のスリッパ（サンダル）を持参すると便利です。軽食にサンドイッチやオープンサンドも提供しています。ビールの種類も豊富！

1.各自でストーブに水を注ぐ。ストーブの周辺はとても熱いので十分に注意を。2.赤色がユニークなロッカールーム。貴重品はロッカーに入れ鍵をかけて。3.入り口。外気浴は高層アパートに囲まれた中庭でクールダウンできる。4.サウナ後に飲みたい、ブルーベリーとブラックカラントの酸味のきいたサワービール€8,80。5.併設のレストランバー。看板犬の大型犬2匹もいる。6.サウナ後、小腹が空いたら手軽につまめるサンドイッチもおすすめ。

Välimerenkatu10, 00220 Helsinki
044 7583 228
uusisauna.fi
16:00〜24:00、日・月曜休
サウナ料金€16、バスタオル€4、バスローブ€8
トラム7・9番「Huutokonttori」駅より徒歩4分
MAP ▶ P.8　C-1

Allas sea pool

アッラス・シー・プール

電気サウナ

温水と海水プールがある
港のサウナ

マーケット広場のそばにある人気の
サウナ。男女別と男女混合のサウナが
あり、すべて水着着用。クールダウンに
は温水（淡水）、海水、子ども用の3つ
のプールを完備、交互に入って楽しめる
のが特徴です。ゆっくり入りたい方には、
空いている朝早い時間がおすすめ。

Katajanokanlaituri 2a, 00160 Helsinki
040 5656 582
www.allasseapool.fi
6:30（土曜8:00、日曜9:00）〜21:00、無休
一般（13歳以上）：€18、3〜12歳：€10
トラム4・5番「Ritarihuone」より徒歩5分
MAP▶P.9 B-4

1.オリジナルトートバッグ各
€10は併設のショップで
販売。2.水泳や日光浴の
ために来る人も多い。眺め
の良いテラスカフェもある。
バーやカフェのみの利用
も可能。3.正面入り口。横
には観覧車が。

Löyly Helsinki

ロウリュ・ヘルシンキ

薪サウナ・スモークサウナ

若者に人気の海辺のおしゃれサウナ

公衆サウナとレストランバーの複合施
設で、オーナーはフィンランド人の有名
映画俳優、ヤスペル・パーッコネン。フィ
ンランドを拠点に活躍する建築事務所
アヴァント・アーキテクツ（Avanto
Architects）が設計を手がけました。サ
ウナの後、そのまま海で泳げるので夏は
とくに混雑します。薪とスモークの2種
類のサウナがあり、すべて男女混合で
水着着用。ウェブサイトで事前予約を。

Hernesaarenranta 4, 00150 Helsinki
09 6128 6550　www.loylyhelsinki.fi
16:00（火〜木曜14:00）〜22:00、
金曜13:00〜23:00、土曜9:00〜11:00、
13:00〜23:00、日曜11:00〜21:00、無休
2時間制€21（タオルとサウナシート含む）
トラム6番「Eiranranta」下車、徒歩4分
MAP▶P.6 C-2

1.2016年に海岸沿いにオープンしたスタイリッシュな公衆サウナ。地元の
若者や観光客にも人気。2.夏はテラス席のバーで音楽イベントなども行わ
れ、かなり混み合う。3.海風を感じながら、爽やかなカクテルも味わえる。

Kotiharjun Sauna

コティハルユン・サウナ

薪サウナ・電気サウナ

地元の人たちが集う
クラシックな老舗サウナ

　1928年に完成した歴史あるサウナで、1999年に改装しました。地元客で混み合い、アットホームな雰囲気のなか、伝統的な薪ストーブの公衆サウナを体験できます。まろやかなやさしい蒸気に包まれて幸せな気分になること間違いなしです。外の椅子に座りながら外気浴を楽しめます。

 Harjutorinkatu1, 00500 Helsinki
09 7531 535　www.kotiharjunsauna.fi
14:00〜20:00、月曜休
一般：€15、12〜16歳：€8
トラム1・8番「Helsinginkatu」より徒歩5分
MAP ▶ P.7　B-3

赤いネオンが目印。地元の人が外気浴を楽しみながらおしゃべりで盛り上がる。

Kuusijärvi

クーシヤルヴィ

スモークサウナ・電気サウナ

郊外の本格的なスモークサウナ

　ヘルシンキの北東に位置するヴァンター市のアウトドア派サウナ施設。本格的なスモークサウナが体験できる貴重な場所です。夏は目の前の湖で気持ちよく泳ぐことができ、冬にはアヴァントに入れます。ヘルシンキ中央駅から、列車とバスを乗り継いで1時間ほどで到着します。わざわざ足をのばして訪れる価値が、十分にありますよ。

 Kuusijärventie 3, 01260 Vantaa
010 3227 090　www.cafekuusijarvi.fi
スモークサウナ=13:00〜20:30、
電気サウナ=9:00〜20:00　12/25のみ休
スモークサウナ=一般：€13、7〜17歳：€8、
電気式サウナ=一般：€6,50、7〜17歳：€4,50
ヘルシンキ中央駅からティックリラ (Tikkurila) 駅まで I・K・R・Z線いずれかの近郊列車で20分、駅から「Kuusijärvi」までバス736番で40分、徒歩4分
MAP外

1.夏は開放感のある湖で老若男女、思う存分に楽しんでいる。子ども連れも多い。2.アヴァントに入る際は、頭を水につけないよう推奨されている。3.スモークサウナと電気サウナの両方を行ったり来たりして堪能できる。

こだわり&おすすめのサウナグッズ

サウナを快適にするサウナグッズを上手に使って、さらにリラックス！

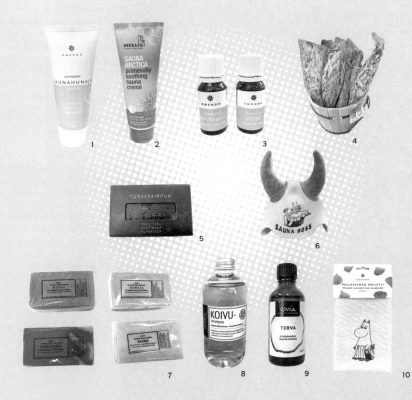

1 2 3 4

5 6

7 8 9 10

1.エメンド社のサウナハニー（サウナに入る前にすり込むとしっとり肌になる）€8,50。無香料もある。2.高い保湿効果があるエメリス社のサウナクリーム。パインタールとハチミツの香り€14。3.エメンド社のサウナフレグランス。スモークサウナ（左）、森の香り（右）など各€7,50。4.ヴィヒタ€11。身体を叩くと代謝が上がりマッサージ効果が。白樺の香りが心地よい。5.フィンランドのピート（泥炭）を固めてつくった石鹸€8,50。洗った後はモチモチ肌に。6.サウナの熱から髪や頭皮を守るために被るハット。バイキングなど€38。7.オスミアの自然由来の固形石鹸。白樺、ハチミツ、イチゴ、麦、各€9。8.オスミアの白樺のシャンプー€12,50は、森の香りが広がりリラックス効果大。9.オスミアのサウナフレグランス、タールの香り€8,90。10.ムーミンママの柄がかわいいサウナシート小€16,50。

Finnska Souvenirs / Sauna Boutique

フィンスカ・スーベニア／サウナ・ブティック

📍 Shop Info
Unioninkatu 32, 00100 Helsinki
045 2243 015
9:30〜18:00、
土・日曜11:00〜17:00、無休
MAP▶P.9 B-3

Osmia

オスミア

📍 Shop Info
Sorvaajankatu 11 A, 00880 Helsinki
09 2917 414 osmia.fi
9:00〜17:00（金曜16:00）、
土・日曜休
MAP▶P.7 A-4

Scandic Grand Central Helsinki

スカンディック・グランド・セントラル・ヘルシンキ

シティホテル

アール・ヌーヴォー建築の
国鉄旧本社をホテルに

　フィンランドにアール・ヌーヴォーを広めた建築家のエリエル・サーリネンが、国鉄（VR）本社として設計した建物。保存と修復を経て、2021年4月にホテルに生まれ変わりました。歴史を感じられる館内の廊下は、国鉄本社時代のオフィスや会議室の扉をあえて残したユニークなつくり。中庭に面した静かな部屋やモダンなインテリアの部屋など、さまざまな客室があります。中央駅のホームと隣接した部屋では通過する列車を眺められ、鉄道ファンはもちろん、家族連れにもおすすめです。予約時に部屋タイプを確認しましょう。

1.中庭に面した大きな窓が特徴のスイートルームは明るい印象。1泊€400〜。2.部屋のドアの前には国鉄本社時代の扉をそのまま残している。3.入り口には、サーリネンがデザインしたブルーの椅子が。会議嫌いだったサーリネンが、会議が長引かないようにとわざと座り心地の悪い椅子をデザインしたとか。4.中央駅すぐの好立地でビジネス渡航にもおすすめ。

朝食は焼きたてのパンをはじめ種類が豊富でおいしい。夏はテラス席も。

📍 Vilhonkatu 13, 00100 Helsinki
030 0308 401
www.scandichotels.com/hotels/finland/
helsinki/scandic-grand-central-helsinki
スタンダードツイン1泊2名（朝食込み）€153〜／全491室
トラム3・5・6・7・9番「Rautatieasema」より徒歩1分
MAP ▶ P.9　A-3

Marski by Scandic

マルスキ・バイ・スカンディック

デザインホテル

1

2

街歩きの拠点にぴったり

　スカンディックはサービスと朝食のおいしさに定評のある、北欧定番のホテルグループです。フロントスタッフも親切で、女性ひとりでも安心して泊まることができます。

　ストックマン（P.37）の目の前にあるマルスキは2019年にリニューアルを終え、館内中がフィンランドのデザインで彩られています。部屋のカーテンやカーペットは、森のベリーをイメージして取り入れられたダークレッド。壁には、フィンランド人の写真家が撮影したヘルシンキの風景写真が飾られています。マンネルヘイム通り側、中庭側、窓なしなどの部屋があるので、希望があれば予約時に確認を。

1.部屋のカーテンやカーペットの色は、森のブルーベリーから取り入れられている。2.心地のよい色合いでコーディネートされ、デザイン性の高い家具が揃う。3.地下2階には、男女別の電気サウナがある。広々としたスペースが特徴。

マンネルヘイム通り沿い、ストックマンデパートが向かい側にあり買い物に便利。

Mannerheimintie 10, 00100 Helsinki
03 0030 8400
www.scandichotels.com/hotels/
finland/helsinki/marski-by-scandic
ツイン1泊2名（朝食込み）€135〜／全363室
トラム1・2・3・4・5・6・10番
「Ylioppilastalo」より徒歩1分
MAP ▶ P.8　B-2

GLO Hotel Kluuvi / GLO Hotel Art

グロ・ホテル・クルーヴィ／グロ・ホテル・アート

デザイン
ホテル

マリメッコの部屋に泊まろう！

中心部にあるハイセンスなデザインホテル「グロ」のクルーヴィとアートには、ともにマリメッコとのコラボレーションによるデザインルームがそれぞれ6部屋、4部屋あり、マリメッコ好きには堪らないステイができます。

クルーヴィは中心部にある便利なスタイリッシュホテル。アートは1903年に建てられたアール・ヌーヴォー様式の石造りの重厚な外観と暗めの照明、ロビーの内装が特徴的で、客室はモダンなインテリアで統一されています。映画「雪の華」（2019）のロケ地にもなりました。

1.白と黒を基調にしたシックな部屋「モルッティ・アンド・ヴェルッティ758」。2.ダイニングルーム付きの広めの部屋は、食器や花瓶もマリメッコで統一されている。

📍 Kluuvikatu 4, 00100 Helsinki
010 3444 400（クルーヴィ）
www.glohotels.fi/hotellit/glo-kluuvi
ツイン1泊2名（朝食込み）
€130～（マリメッコ・ルームは€270～）／全184室
トラム2・4・5・7番「Aleksanterinkatu」より徒歩1分
MAP ▶ P.9　B-3

3.部屋によってマリメッコのテーマが異なる。写真はSiirtolapuutarha（市民菜園）。4.中世の雰囲気を感じる石造りの階段。小窓のそばに座れる場所がある。5.かつて学校の施設だった建物をホテルに改装している。

📍 Lönnrotinkatu 29, 00180 Helsinki
010 3444 100（アート）
www.glohotels.fi/hotellit/glo-art
ツイン1泊2名（朝食込み）
€130～（マリメッコ・ルームは€200～）／全171室
トラム1・3・6番「Fredrikinkatu」駅より徒歩6分
MAP ▶ P.8　C-2

Hotel St. George

ホテル・セントジョージ

ブティックホテル

1

アート作品400点のブティックホテル

　中心部のオールドチャーチ公園の真横に2018年にオープンしたラグジュアリーブティックホテル。館内に400点ものアート作品が展示されており、まるで美術館にいるかのような贅沢な気分が味わえます。穏やかでくつろげる、公園に面している部屋がおすすめ。おしゃれなバー「ウィンターガーデン」、有名シェフのトミ・ビョルクさんによるモダンタイ料理が楽しめるレストラン「ブーン・ナム」もあります。地下のスパはプールも完備。1階のセントジョージ・ベーカリー・アンド・バーでは、自家製パンを使ったサンドイッチや菓子パン、ランチメニューもあります。

1.大きな天窓とアート作品に囲まれた「ウィンターガーデン」。光を調整する真鍮の鳥も彫刻作品。2.誰かの家に招かれたような心地のよい空間。3.朝いちばんには、焼きたてのおいしいクロワッサンやプッラが並ぶ。4.華奢な鳥の形のグラスに注がれるカクテル「バード・オブ・パラダイス」。

 Yrjönkatu 13, 00120 Helsinki
09 4246 0011
www.stgeorgehelsinki.com
コージースタジオルーム1泊2名（朝食込み）
€260～（季節により変動）／全153室
トラム1・2・3・4・5・6・10番
「Ylioppilastalo」より徒歩2分
MAP ▶ P.8　B-2

4

1階ベーカリーの朝食プレート€19は、サーモンまたはハムを選べる。

Clarion Hotel Helsinki
クラリオン・ホテル・ヘルシンキ

シティホテル

ヘルシンキを一望できる
海辺の高層ホテル

　ヤトカサーリ地区の海沿いに2016年にオープンした16階建ての高層ホテル。中心部から少し離れるため、アクセスはトラムの利用が便利。中央駅からは徒歩30分以上かかります。エストニアのタリン行きのフェリー乗り場がある、西フェリーターミナルから600mほどなので早朝フェリーを利用する人には好立地。大型ホテルのため団体客の利用も多いです。朝食はサラダやフルーツ類が豊富でボリュームたっぷりのブッフェスタイル。

　綺麗な夜景が望める貴重なホテルで、スカイ・ルームはヘルシンキでいちばん高い場所にあるバー。眼下には、港や近隣の町エスポーまで見渡せます。

海に面しており、部屋によって海側とシティ側の景色を楽しむことができる。

1.バー利用だけでも可能。スタイリッシュな内装と素晴らしい景色が人気のスポット。2.イチオシの屋上スイミングプール。サウナの後にクールダウンでき、景色も楽しめる。3.設備が整い清潔な部屋。シティ側にはヘルシンキ大聖堂を望める部屋も。4.1階フロントの壁にはアート作品が飾られ、大きな窓からは目の前の海を行き交う船が見える。

Tyynenmerenkatu 2, 00220 Helsinki
010 8503 820
www.nordicchoicehotels.fi/hotellit/suomi/
helsinki/clarion-hotel-helsinki
ツイン1泊2名（朝食込み）€149〜／全425室
トラム7・9番「Huutokonttori」より徒歩1分
MAP▶P.8　C-1

Hotelli Helka
ホテル・ヘルカ

デザインホテル

アアルトデザイン家具に囲まれる

　メトロのカンピ駅から徒歩5分、中心部にあるデザインホテル。アアルトの家具を扱うアルテックとコラボしており、1階はアーチ型の大きな窓、レストラン入り口の天井にはヒンメリが飾られ、フィンランドデザインを思う存分味わいたい方におすすめ。最上階にはサウナがあり（スイートにはプライベートサウナも）、部屋はヘルシンキのアパートに滞在しているかのような雰囲気が味わえます。

 Pohjoinen Rautatiekatu 23, 00100 Helsinki
09 613 580
www.hotelhelka.com
スタンダード€118〜／全155室
メトロ「Kamppi」駅より徒歩5分
MAP▶P.8　B-2

1.どの部屋もベッド上の天井に森のプリントが貼られている。写真はゆったりしたコンフォートツイン€118〜。2.アアルト家具でくつろげるロビー。3.室内に白樺がある朝食会場。ブッフェ形式でフィンランド料理が楽しめる。

Hotel Finn
ホテル・フィン

シティホテル

好立地のリーズナブルなホテル

　ストックマンデパートから徒歩2分の便利な立地にある家族経営のアットホームなホテル。1階がフロント、5、6階が客室で、ひとり部屋から最大4人まで宿泊できるファミリーまたはグループ向けの部屋もあります。フロントのコーヒーや紅茶は自由に飲め、チェックアウト後も廊下のロッカーに荷物を預けることが可能。朝食は、ホテルが提携しているカフェを選べます（朝食€6〜）。

 Kalevankatu 3 B, 00100 Helsinki
09 6844 360　hotellifinn.fi
シングル€85〜、ツイン€97〜／全37室
トラム1・2・3・4・5・6・10番
「Ylioppilastalo」より徒歩3分
MAP▶P.8　B-2

1.清潔でミニマムな部屋。壁紙と椅子はグリーンに統一されている。2.1911年の建物。通りに面した部屋と中庭側の静かな部屋がある。3.客室のドアや椅子は真っ赤にコーディネート。

ヘルシンキおすすめ海辺散歩コース

三方を海に囲まれたヘルシンキ。ここでは、海を臨む公園や小島など、とっておきの散歩コースをご紹介します！

course 1

バルト海を一望する公園コース

MAP ▶ P.7　C-3

市　街中心から南にあるエイラ地区は、ヘルシンキ屈指の高級住宅街。各国の大使館が密集し、築100年を超えるアール・ヌーヴォー建築で写真スポットがたくさんあります。フィンランド湾に面したヘルシンキ最古の公園カイヴォプイストは市民の憩いの場所。5月1日のメーデー（Vappu＝ヴァップ）にピクニックをする場所としても人気です。丘の上には天文台があり、バルト海が一望できます。海岸沿いの遊歩道には、映画「かもめ食堂」に出てくるカフェ-レストラン・ウルスラがあり、テラス席から世界遺産のスオメンリンナ島を眺めながら食事が楽しめます。ジョギングやおしゃべりをしながら歩くヘルシンキっ子の日常が垣間見える散歩コースです。

1.海風がより一層身近に感じられる桟橋の向かいには、世界遺産のスオメンリンナ島が見える。2.緑が美しい爽やかな風が吹くカイヴォプイスト公園。真冬は高台からソリ滑りをする人でにぎわう。3.船の帆のようなタープが目印のカフェ・ウルスラ。夏は海を眺められるテラス席がおすすめ。4.日替わりランチ。ハンバーグのマッシュルームソース添えにパンとサラダ、コーヒー付きで€15。5.丘の上にあるウルサ（Ursa）天文台。

▶ **Cafe-Restaurant Ursula**
カフェ-レストラン・ウルスラ

Ehrenströmintie 3, 00140 Helsinki／09 652817／www.ursula.fi／9:00～19:00（金・土曜20:00）、無休
トラム3番「Kaivopuisto」より徒歩9分

▶ **Kaivopuisto**
カイヴォプイスト公園

トラム3番「Kaivopuisto」より徒歩1分

course 2

シベリウス公園コース

MAP ▶ P.6 B-2

2

1

RENTALS

RENTAL

1.パイプオルガンをイメージしたシベリウスのモニュメントとシベリウスのマスク。2.モニュメントの下から空を見上げると、おもしろい風景が広がる。3.カヌーレンタルもある。4.漁師小屋だった建物を改装した、レトロな装飾がかわいいカフェ・レガッタ。週末は行列も。5.名物のシナモンロール€3,50、砂糖がたっぷりのドーナツ€3、コーヒー€2,50。

　ヘルシンキ北西部にあるシベリウス公園には、有名な作曲家、ジャン・シベリウス（P.124）のモニュメントがあります。シベリウスファンのみならず、このユニークなモニュメントは必見。すぐ近くにはトーロ図書館（P.33）もあります。海沿いの遊歩道は、犬の散歩やジョギングをする地元の人に人気のスポット。夏は白樺の森でピクニックや日光浴を楽しむ人も。子ども向け遊具もあります。私も夏はこの海沿いをサイクリングでよく訪れます。散歩途中に必ず訪れるのが、メルヘンな赤い小屋のカフェ・レガッタ。ここのシナモンロールはどの時間帯に行っても、あたたかくふわふわでおいしいのでおすすめです。

▶
Cafe Regatta
カフェ・レガッタ

Merikannontie 8, 00260 Helsinki／040 4149 167／caferegatta.fi／9:00〜21:00、無休／トラム2・4・10番「Töölön halli」より徒歩14分

▶
Sibeliuksen puisto
シベリウス公園

トラム2・4・10番
「Töölön halli」より徒歩11分

5

course 3

トーロ湾コース

MAP▶P.6 B-2

ヘルシンキ中央駅の北側に、トーロ湾(トーロンラハティ)があります。湖のように一周でき、その外周は2,2km、歩くと30分ほどで、市民がジョギングや散歩を楽しんでいます。周辺にはミュージックセンター、フィンランディア・ホール、ピック-フィンランディア(P.69)、1350席を有するフィンランド国立歌劇場など文化施設が集中しています。水辺の歩道を歩きながら、優雅に泳ぐ白鳥やカモの群れを見ることができ、バードウォッチングにも最適。湾東側の高台にはシニセン・フゥヴィラン・カハヴィラともう1軒、青いマナーハウスのカフェが並んでいて、どちらもテラス席からトーロ湾と街を見渡せ、絶好の撮影スポットです。

1,2.散歩途中のコーヒー休憩におすすめ。1896年に建てられた歴史ある青い建物とヤカンが目印।3.西側には、白鳥とカモを身近に観察できる場所もある。4.歩道と自転車道が分かれているのでご注意を。5.水力発電(名前はHugo)が設置されており、スマホなどを充電できる。6.ヘルシンキ市が運営する植物園のウィンター・ガーデンもそばに(入園無料)。

🏴 **Sinisen Huvilan Kahvila**
シニセン・フゥヴィラン・カハヴィラ

Linnunlauluntie 11, 00530 Helsinki ／050 5021115／www.sinisenhuvilankahvila.com ／4月中旬～10月初旬のみ営業(営業時間、定休日はウェブサイトで確認を)／トラム1・8番「Kaupunginpuutarha」より徒歩10分、またはヘルシンキ中央駅より徒歩10分

◎もうひとつのカフェArt Cafe Taideterassi(アート・カフェ・タイデテラッシ)は通年営業(11～17時、土・日曜19時まで)。ただし、天候などにより営業時間が異なる場合もあるのでInstagramを要チェック。www.instagram.com/cafetaideterassi/

フィンランドの幸福度の秘密

2018年から6年連続で、国連の「世界幸福度ランキング」で1位に輝いたフィンランド。フィンランド人は、ロシアやスウェーデンに長く占領された時代を乗り越え独立した国として、愛国心がとても強い国民です。豊富な資源や産業に恵まれているわけではありませんが独自路線でこの国を築き上げてきました。

・他人とくらべない、穏やかな国民性

真面目でのんびり穏やかな気質のフィンランド人。一方で、フィンランド魂"不屈の精神"を表す「シス（Sisu）」という言葉があるほど忍耐強い一面も。人とくらべることなく人との距離を上手に保ちながら生活できているのは、人や社会を信頼し合うことが根底にあるから。個性を尊重し、何よりも自分らしい暮らしや生き方を大切にしています。身近にある自然とのつながりが温厚な国民性を生み出すのかもしれません。環境や動物の保護にも熱心です。

・男女平等社会

ロシアから独立後の1917〜1960年頃まで経済的に貧しい国であったフィンランドは、働き手としての女性の社会進出が加速した背景もあり、性別に関係なく平等に活躍できるチャンスがあります。2019年12月には世界最年少34歳の女性の首相が誕生し、官僚の半分は女性。大型バスやトラックの運転、肉体労働をする女性の姿も普通に見かけます。

・広い選択肢とワークライフバランス

「こうでなきゃだめ、こうであるべき」という固定観念がなく、人生の自由度が非常に高いです。何歳でも学校に通い直したり、資格を取り新たなキャリアを志すことはごく普通。コネ社会で、より良い条件の仕事のオファーがあれば転職は当たり前、以前の職場に戻ることも多々。結婚に関して近年は籍を入れないのが主流で、一緒に住み子どもを持つ家庭も多いです。離婚率は50%。良い意味で「モノ・人・コト」に執着せず、手放すことに対し潔いと感じます。なお、同性婚も合法化されています。

仕事は定時で終え残業はなく、仕事の後はたっぷりプライベートの時間。平日は趣味や運動を楽しむ人が多いです。

・手厚い福祉と高度な無料教育

「国を支えるのは人であり、人に教育を与え育てることが国家の成長には必要不可欠」という考えから、赤ちゃんが生まれる家庭にはフィンランド社会保険庁（Kela）より育児パッケージ（Äitiyspakkaus＝アイティウスパッカウス）が無償配布され、小学校から大学院まで授業料は無料。得意な面を伸ばすという教育方針で、将来就きたい仕事を見据え、必要な技術や資格により職業訓練学校などの選択肢も幅広くあります。フィンランドでは、資格や専門性、自分にしかできないことが重要視されます。そのため、起業家も非常に多いです。また、高い税金を払う代わりに、最低限の生活は保証されており、公立の医療機関は無料または安価で受診可能。将来への不安は少ない環境です。

育児パッケージには、新生児の1年分の服やシーツなど約38アイテムが入っている。

スーパーで買えるフィンランドみやげ

スーパーマーケットで買えるおみやげを集めました。かわいいパッケージにも注目!

1 2 3 4

1.ミントキャンディのなかにチョコレートが入っている、マリアンネ€3,39。2.ほのかに甘いリコリスのソフトオリジナル€2,25。3.塩化アンモニウムの塩味と苦味が独特のサルミアッキ€1,29。4.レモン味のクッキー、ドリス€3,79。

5.カーニバルクッキーは子どもたちに大人気。赤いオリジナル€3,39。ほかにリンゴ、ビーツ、レモン味など。6.キャラメル味のファッジ€2,39はムーミンのパッケージ。7.キシリトールはフィンランド発祥。歯磨きと併用してガムを噛む。ラズベリー味€3,59。(1〜7すべてファッツェル社)

5 6 7

8 9

8.ヨーグルトにかける、ブルーベリーパウダー€4,20と、そのまま食べるドライリンゴンベリー€4,10。9.水と混ぜるだけのスーヌンタイ社のレットゥ(P.97参照)とワッフル用の粉。左が麦€1,95、右が小麦粉€1,99。

フィンランドのスーパー&コンビニ事情

国内のスーパーマーケットは、小売り専門のKグループと、ソコスデパート、ソコスホテル、アレパ(Alepa)なども手掛けるSグループが2大系列。ほかに、ドイツ系の「Lidl」もあります。Kグループの「Kスーパーマーケット」はオリジナルブランド「ピルッカ(Pirkka)」を持ち、お惣菜や外国製品も充実。店舗の規模に合わせて名称が変わります。Sグループが経営する「Sマーケット」はKよりややリーズナブル。中央駅前地下の店舗はめずらしい24時間営業です。

駅の構内などに入っているのがコンビニの「Rキオスキ」。トラムやバスなど公共交通機関のチケットも販売しており、何かと便利です。

スーパーには、買い物中に子どもがお腹を空かせないよう&親がスムーズに買い物ができるよう、子ども向けに無料のバナナが置かれている。

10.あちこちで見かけるマリメッコナプキンも、スーパーがお買い得！ 大サイズ€3,55。11.濃厚なオーガニックのハチミツ「ルオム・フナヤ」€5,29は、チューブタイプで使いやすい。12.トゥルク生まれのマスタード「トゥルン・シナッピ」は、ソーセージとの相性抜群€1,35。

10 **11** **12**

13.ムーミンパッケージがかわいいビタミンDのイチゴ味€5,75。ほかにオレンジ味もある。14.オルクラ社のフィンランド産シャンプー各€2,09。ブルーベリー（左）や白樺の香りもある。15.12月6日の独立記念日に灯す、フィンランド国旗色のキャンドル各€4,19（ハヴィ社）。

13 **14** **15**

16.丈夫で長持ちするムーミンのエコバッグ各€3,15はKスーパーマーケット限定品。

16

自然の恵みがたっぷりのナチュラルコスメ
Lumene ルメネ

　北極圏のベリー、白樺、コットングラスなどを使った、フィンランド生まれの人気オーガニックコスメブランド。ビタミンCが豊富なフィンランド産クラウドベリーを使用した美容液やクリームなどのスキンケア商品は、乾燥するフィンランドの冬の季節の救世主です。ハンドクリームやリップクリームはおみやげもおすすめ。ストックマン（P.37）、ソコス・デパート、スーパーマーケット、空港でも購入可能。www.lumene.com

◎エスポー市にある工場社屋とアウトレットショップでは、新商品のほかセカンドライン（パッケージなどに「2-laatu（難あり）」と表示）が20〜30%オフで買える。

　左から／ルメネのベストセラー商品。北極圏のクラウドベリーのエキスを使った美容液。30㎖/€29,90。100%ヴィーガンの基礎オイル。クラウドベリー、クランベリー、リンゴンベリーを使いビタミン配合。30㎖/€29,90。

　肌の質をやわらかくし、ワントーン明るい肌に仕上げる。クラウドベリーのエキスを配合したナイトクリーム50㎖/€26,90。 100%ヴィーガンのリッチハンドクリーム€7,09。香りがほのかで飽きずに長く使える。

Tärkeitä talvella

D-vitamiini
ビタミン D サプリメント

タブレットで1日1錠
日光を浴びると紫外線でつくられるビタミンD（不足すると骨や筋肉がもろくなる）ですが、日照時間が少ないためタブレットで補給するのがこちらの常識。一年を通して毎日1錠、人気ブランドは「ミニサン（小さい太陽）」で薬局（Apteekki）やスーパーで買える。子ども用にはバナナ味やイチゴ味、液体タイプなどもある。

Kirkasvalo
キルカスヴァロ

Kirkas（明るい）＋ valo（ライト）
日照不足によるうつ病などを防ぐため、毎朝20〜30分程度当たると良いとされる人工のサンライト。床に置く大型サイズからテーブル用の小型サイズ、目覚まし一体型など種類が豊富。朝食を摂りながら、メイクをしながら、この光を浴びると身体の調子が良く、朝の目覚めが良い。

Heijastin
ヘイヤスティン

交通事故防止に！
視界の悪い冬の外出時、ドライバーに分かるよう人も犬も付ける反射材キーホルダー。ジャケットやバッグ、手袋用など用途別にそろう。アーリッカ、ペンティックなどから毎年新デザインも出ており、フィンランドみやげとしても人気。1個€10〜。

防寒機能重視になりがちな冬のファッションアイテムに！

冬のマストアイテム

長く寒いフィンランドの冬。とくに11月は一日中太陽を見ることがなく、まるで墨を流したように真っ暗な日が続くため「魔の11月」と呼ばれます。クリスマスのイルミネーションもはじまらず、出社時も帰宅時も真っ暗。体調を崩す人も少なくありません。1〜2月は首都ヘルシンキでもマイナス30℃近くまで下がることも。ここではそんなツライ季節を乗り切るための必須アイテムをご紹介します！

Talvikengät, Lapaset, Lasit, Aurinkolasit
ウィンターブーツ、ミトン、メガネ、サングラス

本気の防寒具4アイテム
スケートリンクのように滑りやすい凍結した道路を歩くのに欠かせない、スパイク付きのウィンターブーツ。手元にはミトンタイプ（指同士が擦れてあたたかい）の手袋。マイナス30℃くらいになると毛糸の手袋の上にレザーのミトンを重ねて着用。目は太陽が出ている場合はサングラス、そうでなくてもメガネで保護。口呼吸ではなく鼻呼吸推奨。

Itkuhälytin
イトゥクハルゥティン

直訳は「泣くアラーム」
マイナス10℃くらいまで赤ちゃんは屋外に置いたベビーカーでお昼寝をする習慣があるフィンランド。あたたかい家のなかよりも空気の澄んだ外で寝るほうがより質の深い睡眠がとれることと、寒さに慣らす目的も。マイクロフォンはベビーカーに取り付け、スピーカーは親がキープ。何か異常があればすぐに外に駆けつけるという仕組み。

Kynttilä
キュンティラ

消費量は世界いち！
家庭の食卓やリビングルームでは一日中、屋外も玄関や店の入り口に焚く習慣があるキャンドル。火の揺らぎでリラックスでき、癒し効果も。香り付きキャンドルを好む人もいる。

 フィンランドの真冬の風物誌
マイナス20℃を下まわると殺菌効果があることから、布団やマットレスを外に干している光景がよく見られる。

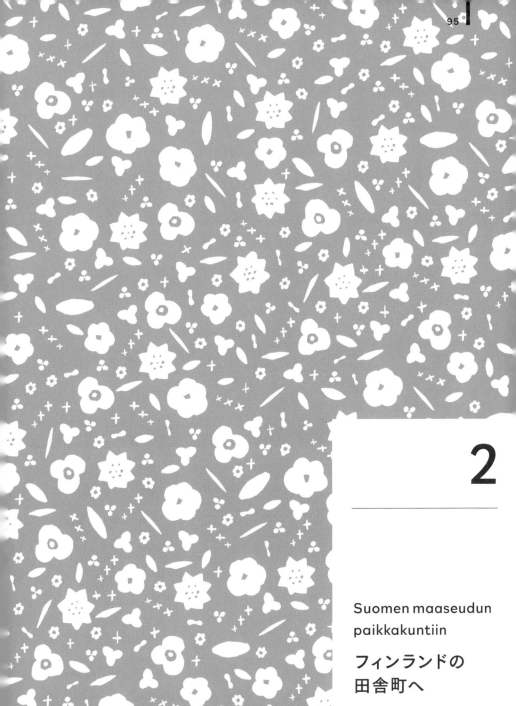

2

Suomen maaseudun
paikkakuntiin

フィンランドの
田舎町へ

Fiskars
フィスカルス

緑と水辺が美しい村。水が澄んだ川には、カモが優雅に泳いでいる。

1

素敵なアーティストヴィレッジを散策

　ヘルシンキから列車とバスを乗り継いで日帰りで行ける、かつて鉄工業で栄えた小さな村。オレンジ色のハサミで知られるフィスカルス社発祥の地（1649年創業）でもあり、1970年代の工場移転後はアーティストたちが移り住み、現在はアーティストヴィレッジとして人気です。

　村の中央には赤レンガの時計塔があり、フィスカルス川のほとりに並ぶ趣のある古い建物はアーティストたちの工房やショップ。ハンドメイド雑貨やおしゃれなカフェも多く、澄んだ水の

音を聞きながら、美しい田舎の村の散策が楽しめます。おすすめは夏（6〜8月）とクリスマスマーケットの季節。毎年7月に開催されるアンティークマーケットには国内外から多くの人が訪れ、冬のクリスマスマーケットは、ローカルファーマーが集まり、地元産の食材や手づくり雑貨がたくさん並びます。www.fiskarsvillage.fi

1.フィスカルス社のハサミ、クラシックモデル17㎝、€22,90。2.ガラス工房には、鳥など自然をモチーフにしたハンドメイド作品が並ぶ。3.鍛冶屋の職人さん。工房ショップでは、目の前でつくっている過程を見ることができる。

2

3

📍 ヘルシンキ中央駅からカルヤー（Karjaa）駅までインターシティで1時間（€12、1時間に1本）、駅からバス停までは徒歩6分、バスで20分（€6,40）
※カルヤー駅からのバスは平日1日に2本のみ、土日曜は運休

\ 夏の楽しみ /
アンティークマーケット

屋外マーケットは入場無料。屋内会場の入場料は€10。

夏の人気スイーツ、レットウ（Lettu＝クレープ）。イチゴジャムなどをトッピング。屋台で€4,50。

　毎夏7月に4日間開催されるアンティークマーケット。家具、骨董品、アラビアやイッタラのビンテージ食器など、フィンランドじゅうから集められた貴重な品が並び、国内外から多くの人たちが集まりにぎわいます。アットホームな雰囲気なので店主にいろいろ聞きながら会話もぜひ楽しんでくださいね。ビンテージ好きは見逃せないイベントです。

www.fiskarsinantiikkipaivat.fi
MAP ▶ P.10 A-2

村のシンボルである赤レンガの時計塔には、ショップやカフェが入っている。

3.「ハリネズミに注意してね」の道路標識。4.状態の良いアラビアやイッタラのビンテージ品が数多く並ぶ。5.昔ながらの手法で職人による手づくりのホウキ。6.今では国内に数少ないカゴ職人が用途に合わせてさまざまなサイズや形のカゴをつくる。

3

4

5

6

冬の楽しみ

クリスマスマーケット

すべてが凍る厳冬の景色もまた美しい。

11月末からクリスマスまでの週末に、「ラヴィントラ・クパリパヤ」（P.103）の建物内で開催される、ローカルな雰囲気のマーケット。地元のパンやジャム、アーティスト達のハンドメイド雑貨が並びます。クパリパヤではこの時期のみ食べられる蕎麦粉のパンケーキ「ブリニ」も忘れずに。11月末は積雪もあり気温はマイナス5℃ほどになるので防寒対策と滑りにくいブーツで行くことをおすすめします。

www.fiskarsvillage.fi
MAP ▶ P.10 A-1

1.つくり手自らが販売する、ハンドメイドのクリスマスオーナメント€9,50などが並ぶ。2.冬の必須アイテムの手編みの手袋は€15〜、あったか靴下は€20〜。3.地元の小学生が販売している手づくりのカフェ。グロッギ€1,50であたたまる。4.クリスマスに食べられるジンジャーブレッドクッキー、ピパルカック（Piparkakku）。5.ブッフェスタイルのクパリパヤのブリニブランチ€26。

別館の素朴なカフェもおすすめ！

19世紀後半〜20世紀前半の鉄工業に携わっていたフィスカルス村の人々の暮らしと歴史を学べる博物館。敷地内にある別館、カフェ・ハンマルバッケンは、20世紀前半の雰囲気をそのまま残した素朴な雰囲気で、地元の食材を使った料理を提供。夏は庭のテラス席で、冬は暖炉のそばでゆっくりくつろいでくださいね。

Fiskarsin museo
フィスカルス博物館

Peltorivi 13, 10470 Fiskars ／045 1808 111 ／fiskarsmuseum.fi ／一般：€6／6〜8月：11:00〜17:00、9〜5月：11:00〜16:00、月・火曜休
MAP ▶ P.10 A-2

Desico Shop
デシコ・ショップ

ハンドメイドのキャンドルショップ

　すべてハンドメイドでひとつずつていねいにつくられるキャンドルの工房とショップ。色とりどりの綺麗な発色のキャンドルが店内の棚一面に並べられ、見ているだけでも楽しい気持ちになります。フレーバーの有無、夏にコテージで使う蚊除けの屋外に置くタイプなど、用途に応じてさまざまなデザイン・サイズ・種類が揃います。ビビットなカラーも良いですが、私は自宅でナチュラルなトーンを好んで使っています。

1.カラフルなキャンドルは色の組み合わせで遊べる。部屋のインテリアのアクセントに。2.水に浮かべるタイプは、キャンドルのゆらめきをより一層楽しめるのでおすすめ。3.トゥオクストン（Tuoksuton）は無香料の意味。匂いが苦手な人にもうれしい。4.私のお気に入りは、白樺の香りのコイヴ。森をイメージした落ち着いたトーン。5.ショップの隣にある工房。すべての商品はここでつくられる。

Isidorintie 4, 10470 Fiskars
019 237 070
desico.fi
11:00〜17:00、無休（季節変動あり）
MAP ▸ P. 10 A-2

Fiskars Shop
フィスカルス・ショップ

雑貨

フィスカルス製品が幅広く揃う

　村のシンボルである赤レンガ造りの時計塔に入っているショップ。フィスカルス社の製品と、傘下にあるイッタラやアラビア、ハックマン、ウェッジウッド、ウォーターフォード・クリスタル、ロイヤルドルトンなどのコーナーもあるほか、アウトレット商品が並びます。

　フィスカルス社の歴史を展示するギャラリーも併設され、オレンジ色のハサミが生まれた背景など、歴史に触れることもできます。切れ味抜群のハサミは私のお気に入りで、長年愛用しています。

1.長く使えるフライパンや鍋をはじめ、庭の手入れに使う刃物類も豊富に揃う。2.歴史を展示するギャラリーには、昔の村のジオラマも。3.イッタラ製品25%オフコーナー。4.おみやげにおすすめの子ども用€14,50。ハサミは機内持ち込み不可なのでスーツケースへ。5.赤いムーミンママの大人用€29,90（ヘルシンキのイッタラ・アラビア・ストア・エスプラナーディでも販売）。

Fiskarsintie 352, 10470 Fiskars
020 4395 612
www.fiskars.com/fi-f
11:00〜17:00、無休（季節変動あり）
MAP ▶ P.10　A-1

Onoma Shop

オノマ・ショップ

フィスカルスデザインの
セレクトショップ

　フィスカルスで活動するローカルアー
ティストたちの商品を展示販売する、
フィスカルス・アーティスト組合の直営セ
レクトショップ。知られざるデザイナーや
アーティスト、素敵なアイテムに出会え
るかも。木の香りが感じられる器や、か
わいらしいデザインのアクセサリー、イ
ンテリアや家具も揃います。

 Fiskarsintie 352 D, 10470 Fiskars
040 0850 250
onoma.fi
12:00〜17:00、月・火曜休（季節変動あり）
MAP ▶ P. 10　A-1

1.約60名のアーティストの作品が並ぶ。2.照明や家具、アクセサリー（ピア
ス€25〜）、絵画などが展示・販売されている。3.かわいいぬいぐるみも。

Hotel Tegel

ホテル・テーゲル

フィスカルス川を身近に感じる
癒しのホテル

　フィスカルスで1泊するなら、村の入
り口にあるスタイリッシュなこのホテル
がおすすめ。窓を開けるとフィスカルス
川のせせらぎが聞こえ、ゆったりとした
癒しの時間を過ごせます。ヘルシンキ
大聖堂の設計を手掛けたカール・エン
ゲルの設計によって1832年に建てられ
た歴史的建造物。1888年に焼失しまし
たが、その後再建されました。

1.シンプルで落ち着いた色
合いの客室。2.川沿いに
建つレンガ造りの建物。

 Fiskarsintie 9, 10470 Fiskars
050 4419 179
www.tegel.fi
ツイン€124〜（朝食込み）／全24室
MAP ▶ P. 10　A-1

Cafe Antique
カフェ・アンティーク

カフェ

名物のシナモンロールと
自慢のケーキ

　やさしい雰囲気と、コーヒーとシナモンロールの香りが漂う地元の人に人気のほっこり和めるカフェ。小さな家族経営の店で、元はアンティークショップ。窓際にはガラスや陶器、店内の重厚感のあるインテリアや椅子などが販売されています。地元の食材を使った手づくりのケーキ€4,90～5,20は絶品。店の名物シナモンロール€2,90は、焼きたてふわふわをぜひ味わってみて。古書がずらりと並んだ本棚の前にある、歴史を感じさせる椅子に腰掛けて静かでのんびりとしたひとときを。つい長居したくなる居心地のよさです。フィスカルス・ショップやオノマ・ショップと同じ建物に入っています。

1.ほっこりする手づくりチョコレートケーキ、ホイップクリーム添え。コーヒー€2,50。2.週末になるとおいしいケーキを求めて行列ができる村の人気カフェ。3.アンティークの家具に囲まれてずっと居たくなる心地よい空間。4.気になる本があれば自由に手にとって読んでみて。5.名物のシナモンロール。カルダモンとシナモンの香りが店内にふんわりと香る。

Fiskarsintie 352 C, 10470 Fiskars
045 6495 626
www.cafeantique.fi
11:00～16:00、月・火曜休（季節変動あり）
MAP ▶ P. 10　A-1

Ravintola Kuparipaja

ラヴィントラ・クパリパヤ

フィンランド料理

地元の食材を使った人気レストラン

2

フィスカルス川のほとりに建つ2階建てのレストランで、1階の奥にはアートギャラリーが入っています。夏の天気の良い日は、横を流れるフィスカルス川の音を聞きながら食事が楽しめるテラス席がおすすめ。地産地消にこだわり、季節ごとの旬の素材を使ったおいしい料理が味わえるクオリティの高い一軒。ここで出される黒パンも地元のベーカリーの手づくり。とくにおすすめしたいのは、週末のランチブッフェ€26（前菜、メイン、サラダ、パン、デザートにコーヒーか紅茶付き）。いろいろ味わえ、コストパフォーマンスが良いので満足感があります。私は、フィスカルスを訪れると、毎回ここでの食事を楽しみにしているほどお気に入りです。

1.木のぬくもりがある丸いテーブルの中央に野花が飾られる。2.ランチブッフェ。スモークサーモン、牛肉のやわらか煮込み、自家製のソーセージやパテなど。3.水辺にあるレストラン。夏はジャスミンの花が満開に。4.テラス席の横にはフィスカルス川が流れる。

Kuparivasarantie 5, 10470 Fiskars
019 237 045
www.kuparipaja.fi
11:00〜16:00、土曜12:00〜19:00、
日・月曜休（季節変動あり）
MAP ▶ P.10 A-1

晴れた日は多くの人が湖に飛び込んで泳いだ後、バーベキューを楽しむ。

森で過ごす大切な時間

　国土の約75%を森が占める、森と湖の国フィンランドには、土地の所有者に迷惑をかけない限り、すべての人が自然の恵みを享受できるという、自然享受権（Jokamiehenoikeus＝ヨカミエヘンオイケウス）があります。森に入ってベリーを摘んだり、湖で泳いだり、雪道でスキーを楽しむことができます。誰でも自由に使えるバーベキュー場では、ハイキングの途中にソーセージを焼いて食べるのがフィンランド人の楽しみのひとつです。

　フィンランド人は、自然のなかで過ごす時間をとても大切にします。週末は森へハイキングに出かけたり、散歩に行ったりと身近にある自然を愛しみます。夏は田舎のサマーコテージで日常から切り離した時間を家族や友人と過ごします。お金もかからず、心身ともにリフレッシュできる贅沢な時間です。

夏は、ブルーベリーセラピー

　大自然のなかにはビタミン豊富なスーパーフードがたくさんあります。夏の森はブルーベリーをはじめ、野イチゴ、ラズベリー、リンゴンベリー（コケモモ）、クラウドベリーなどさまざまなベリーの宝庫。私もこのベリー摘みが大好きで、森へ出かけてはカゴいっぱいに摘みます。足元いち面、まるでカーペットのように青く輝く

ヘルシンキ市内から約1時間で行ける森

　ヘルシンキの西に位置するエスポー市にある国立公園。55㎢の敷地に大小80の湖と多くの沼地を擁し、「森と湖の国」らしさを休感できる場所です。ヘルシンキから公共交通機関で気軽にアクセスできるとあって観光客にも人気。起伏も少なく初心者でも歩きやすいコースが整備されています。

Nuuksion kansallispuisto

ヌークシオ国立公園

　ヘルシンキ中央駅からエスポー（Espoo）駅までE、L、U、Y線いずれかの近郊列車で30分、駅前のバス停「Espoonasema」から「Haukkalammentie」まで245番のバスで30分（列車＋バスで€4,10）。バス停から道路の反対側に渡り、脇にのびる枝道を25分歩くと公園の入り口（駐車場）がある。www.luontoon.fi/nuuksio　　　**MAP外**

・ハイキングシーズンは5月後半〜10月前半。
・コースは3つ（赤：2km、青：4km、黄：7.5km）あり、木に色分けされた目印をたどって歩くと迷わない。
・服装は、夏でもひんやりと肌寒いのと虫対策で、肌を隠す長袖、長ズボン、長い靴下を。突然の雨にも対応できるフード付きジャケットがあれば安心。両手が使えるリュックに、履き慣れた歩きやすいスニーカー（湖畔はぬかるんでいる場所も）など。
・公園内に売店はないので、飲み物や軽食（サンドイッチやバナナなど）は持参を。ほかティッシュペーパー、泳ぐ場合は水着、タオル、サンダルを忘れずに。
・夏は虫除けスプレー必須。プンキ（マダニ）が生息しているため要注意！散策から帰ったら肌に虫がついていないかチェックをし、早めにシャワーを浴びて。

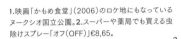

1.映画「かもめ食堂」（2006）のロケ地にもなっているヌークシオ国立公園。2.スーパーや薬局でも買える虫除けスプレー「オフ（OFF）」€8,65。
2

森の宝石は、毎回鳥肌が立つほど興奮します。私は癒し効果抜群の手摘みを「ブルーベリーセラピー」と呼んでいますが、たまにポイムリ（ブルーベリー摘み機）を使うことも。摘みながら食べるので、帰る頃には手と口のなかが真っ青に。家に帰ると新鮮なうちにブルーベリーパイをつくるのが、夏のシアワセなひと時です。自分で摘んでつくるブルーベリーパイの味は格別です。

秋は、キノコの宝探し

　フィンランド人男性のなかには、趣味で釣りや狩りを楽しむ人もいます。我慢強いフィンランド人男性にはぴったりな趣味で、夏は釣ったニジマスを自分でさばいて燻製に。夏から秋の週末は、森にこもりエゾシカ、シカ、野ウサギ、鳥などのジビエを仕留め、家でさまざまな料理にして食べます。新鮮なエゾシカはクリーム煮などにして食べますが、臭みはまったくなくやわらかくておいしいです。

　紅葉の美しい秋は、キノコ狩りのシーズン。長く寒い冬のスーパーマーケットでは、新鮮な野菜や果物が限られるので、キノコ類は乾燥保存し、クリームスープや塩コショウ炒めなどに。ベリー類は冷凍保存し、朝食のヨーグルトやパンケーキと一緒に食べます。これらは、フィンランド人の義母に教わった生活の知恵のひとつです。

1.ポイムリを使う時は、葉っぱを傷めないようにやさしく。2.ブルーベリーとリンゴンベリー。3.フィンランド人はソーセージが大好き！4.夏の贅沢なごちそうは、イチゴ、ブルーベリー、クラウドベリー。どれもビタミンたっぷり。5.風味が豊かなポルチーニ茸は、食感も楽しめる。6.存在感のあるセイヨウクサレダマ（Ranta-alpi）の黄色い花。6〜7月頃に咲く。

穏やかな時間が流れる、マティルダンカルタノ（P.114）のリンゴの木が生い茂る庭。

かわいいおいしい田舎の村へ

　ヘルシンキと旧首都であるトゥルクの間にあるサロ市に属するマティルデダル村は、もともと主にスウェーデン語が話されていた地域。現在はスローライフやエコ、地産地消などフィンランド人も憧れる、アーティストが住むかわいい村として人気です。

　村の近くには広大なテイヨ国立公園とマティルダン湖があります。地元の手工芸品やアートギャラリー、アルパカ牧場と工場ブティック、地元の食材を使ったレストランやおしゃれなカフェ、ブルワリー、ショップが点在し、人口が400人ほどになる夏（普段は約100人）には屋外シアターも出現します。村の散策と自然を楽しめるのが魅力で、ヘルシンキから日帰り、もしくは1泊プランをおすすめします。
www.mathildedal.fi

📍 ヘルシンキ中央駅からサロ（Salo）駅までインターシティまたはペンドリーノで1時間25分（€15〜、1時間に1本）、駅からマティルデダル村までタクシーで20分、またはバス（平日のみ運行€3,30、1時間に1本）で35分
※夏季（6〜8月）とクリスマス前の時期以外は閉まる店が多いので要注意。ウェブサイトで確認を

1.村の入り口にあるアルパカ牧場。工場とショップが隣接している（P.110）。2.村のシンボルである水車。水の音が心地よく村じゅうに響きわたる。

アルパカラベルの「マティルダ」。ラベル写真は村にまつわるもの。

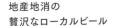

地産地消の贅沢なローカルビール

　マティルデダル村の住民により運営されているブルワリー。小麦ビール「マティルダ（Mathilda）」、IPA「テイヨ（Teijo）」、アメリカンペールエール「ラメール（La Mer）」をはじめ、春の限定セゾンビール「ケヴァット」（Kevät）、スタウトの「セッパ（Seppä）」、オーガニックラガー「ワルツ（Valssi）」など、地元の麦を使い季節ごとに異なるフレーバーのビールを醸造。まさにキュラ（村）のパニモ（醸造所）です。

Mathildedalin Kyläpanimo
マティルデダリン・キュラパニモ

 Matildan puistotie 4, 25660 Mathildedal
050 3644 300
www.kylapanimo.fi
夏季：12:00〜18:00、
無休（季節変動あり）
冬季：12:00〜16:00、
月〜金・日曜休
MAP ▶ P.10　B-1

見どころは村の中心部に集中しており、徒歩で十分楽しめる。

テラス席でおいしいビールが味わえるブルワリーは村の入り口にある。

Teijo kansallispuisto

テイヨ国立公園

国立公園

フィンランドの大自然を体験しよう

　フィンランドにある41の国立公園のうちのひとつ。南フィンランドではめずらしい沼地があるのが特徴で、森、丘、岩石、湿原の木道、小川など、ハイキング中にさまざまな風景を楽しめます。絶滅危惧種の動物オオヤマネコ（Ilves）、クロヅル（Kurki）、ヨーロッパオオライチョウ（Metso）が棲息する地域でもあり、2015年に国立公園として登録されました。歩きやすく舗装されたトレッキングコースは合計50kmにもなり（それぞれ1,3〜8km未満）、迷子にならないよう標識も整備。ハイキング中に誰かとすれ違うと、必ずみんな「モイ（Moi）!」と挨拶してくれるので、笑顔で返事をしましょう。夏は蚊が多いので、虫除けスプレーは必須、公園内に売店はないので、飲み物や軽食などを持っていくことをおすすめします。

　澄んだ空気と水が透き通るほど綺麗な湖では泳ぐこともできるほか、カヌー、ボート、キャンプ、釣りなどのアクティビティも体験できます（カヌーなどはレンタルも可能。手配は事前にホテルで）。心も身体もリフレッシュでき、癒されますよ。

分岐点にある地名と
距離が書かれた看板。

📍 Matildanjärventie 84, 25660 Mathildedal
（テイヨ国立公園ネイチャーセンター）
020 6394 700
www.luontoon.fi/teijo
ホテル・アンド・カフェ・マティルデダル
（P.113）より徒歩35分。
ホテルから自転車の貸し出しあり
（公共交通機関なし）
MAP ▶ P.10 B-2

1.高台からは美しい湖の風景が広がる。カヌーやボート、水泳を楽しむ人々も。2.場所によってトレイルは自転車でも走行可能。3.公園の入り口近くのカヌー＆ボート置き場。4.共有のバーベキュー小屋。ソーセージなどを持参し焼いて食べるのがフィンランド流。5.7〜8月にかけ森いち面に咲き誇るピンク色のカネルヴァ（Kanerva）の花。

フラットなオープンエアの木道が続く場所が多く歩きやすい。服装は105ページ参照。

Ruukin kehräämö ja Puoti

ルーキン・ケヘラーモ・ヤ・プオティ

アルパカ雑貨

アルパカ100％のやさしいニット製品

　アルパカ牧場に隣接する小さな工場。フィンランドで唯一のアルパカの毛専用機械を持っており、「良質でエシカルな商品を生み出す」というコンセプト通り、職人が100％アルパカの毛を使った雑貨をハンドメイドしています。

　アンデス山脈原産のアルパカは、冬はマイナス20℃にもなる過酷な環境に生き抜くため、毛はとても細くなめらかで、ウールの8倍の保温力を持つのだとか。触るとふわふわとやわらかで肌にやさしく、とてもあたたかいので、身につければフィンランドの冬を過ごす心強い味方。併設のブティックでは、アルパカの毛糸はもちろん、ニット、スカーフ、帽子、冬用のスリッパなどがずらり。動物好きの女性オーナーと3匹のかわいい犬たちが客を出迎えてくれます。

1.レディースニット€189、メンズニット€195、靴下€25、帽子€88、手袋€68、毛糸€38～など。2.隣接する牧場には約30頭のアルパカが放牧されている。3.人気のルームシューズ€150。素足で履くと包まれるように肌馴染みが良い。4.フィンランドで唯一のアルパカの毛専用機械が完備された工場。5.工場にショップが併設されており、同じ建物にはそのほか洋服や雑貨の店も入っている。

Ruukinrannantie 6,
25660 Mathildedal
044 3721 813
ruukinkehraamo.fi
5～8月：11:00～17:00、無休
9～4月：11:00～17:00、月～水曜休
MAP ▶ P.10 B-1

Kaarnalaiva

カールナライヴァ

カゴ、ブラシ

職人に受け継がれる伝統カゴとブラシ

　ヤギの毛、植物などナチュラル素材にこだわった伝統的なカゴとブラシの専門店。オーナーのカイ・ヘイスカリさんは20年以上カゴをつくり続けるフィンランドで数少ないカゴ職人のひとり。カゴは約10年使え（使用頻度や使い方にもよる）、木の乾燥を防ぐために定期的に水に浸すのがお手入れのポイント。カゴには松の木を使い、前夜から水に浸しやわらかくすると曲げやすくなり、組み立てやすいそう。

　オーダーすると目の前でつくってくれます。値段と時間はサイズや形により異なりますが、目安は45分ほど。手づくりのぬくもりをより感じられ愛着が湧き、長く大事に使いたいと心から思います。私はここでオーダーしてつくってもらったカゴを、キノコやベリー狩りに使っています。

1.所狭しと商品が並び、見ているだけで楽しい気分になる店内のディスプレイ。2.ホコリや汚れが綺麗に取れるブラシ€28。3.プッラ(P.50)づくりで卵の黄身を塗る時に使うハケ€7。4.カイさん手づくりの松の木を使ったカゴ€45。5.オーナーで職人のカイ・ヘイスカリさん。

Ruukinrannantie 6,
25660 Mathildedal
040 7350 768
www.facebook.com/
kasityoverstaskaarnalaiva
6〜9月：11:00〜17:00、無休
1〜5・10〜12月：休
（ただしクリスマス時期の
　土・日曜11:00〜17:00は営業）

MAP▶P.10　B-1

5

PetriS Chocolate Room
Mathildedalin Ruukki

ペトリエス・チョコレート・ルーム・マティルデダリン・ルーッキ

チョコレート

2

幸せな気分になる
ハンドメイドチョコ

　オーナーのペトリさんが、20年間一流の菓子店で働いてきた経験をいかして立ち上げた自身のブランド。自宅のキッチンでプラリネをつくったのがはじまりで、瞬く間に人気店に成長しました。ピスタチオはシチリア島のブロンテ、バニラはマダガスカル、アーモンドは地中海産と、素材にもこだわり、一つひとつ手づくりされる美しいチョコレート。繊細で高級感のあるひと粒を頬ばれば、幸せな気持ちになります。無添加で保存料を使用していないため、4週間しか保存がききません。おすすめはベリーとシーソルト、クラシックのトリュフ味。

1

1.情熱のこもったプラリネは約30種類ほどある。ひと粒€1,80〜。2.ビターなチョコレートと酸味のきいたベリーのケーキは大人の味。3.ダーク・ホワイトチョコレートとベリーの組み合わせ€22,90。アートのように美しい。4.かつて村の学校だった建物を改装し、1階はティーサロンとショップ、2階はB&Bホテルに。5.オーナー夫婦のニナさんとペトリさん。

3

📍Tullintie 17, 25660 Mathildedal
040 6855 111
petris.fi
11:00〜17:00（日曜16:00）、無休
MAP ▶ P. 10 B-2

◎ポルヴォー店 MAP ▶ P. 11 A-4

5

Hotel & Café Mathildedal

ホテル・アンド・カフェ・マティルデダル

ホテル カフェ

水車と水のせせらぎに癒されるホテル

　元鉄工所を改装した家族経営のアットホーム小さなホテル。何もなかったこの土地をオーナーのクリスタさんの両親が買い取り、この地域の人たちと一緒にゼロからここまでつくりあげたという素敵な空間です。

　クリスタさんが顔を合わせる度に笑顔で話しかけてくれ、窓を開けると目の前の水車の音が心地よく癒されます。ぐっすり眠って鳥の鳴き声を聞きながら目覚めましょう。テイヨ国立公園（P.108）内にサウナもあり、プライベートの湖で泳ぐことも可能（サウナは要予約）。おみやげが買えるショップが併設された1階のカフェは朝食会場でもあり、ランチタイムには日替わりのサラダやパスタ、季節のフルーツを使った手づくりケーキが味わえます。

1.カフェスペース。写真左の本棚に1冊置いていくと好きな本を1冊持ち帰れる。2.地元産のスモークサーモンサラダ€12,90、手づくりのイチゴケーキ€5。3.シンプルで清潔な部屋。4.地元の新鮮食材を使った朝食（黒パン、チーズ、ジャム、サラミ、ジュース、卵など）。5.テキスタイルデザイナーで、ホテルとカフェを切り盛りするオーナーのクリスタさん。

Ruukinrannantie 6, 25660 Mathildedal
050 3542 487
www.mathildedal.fi/
hotel-mathildedal-huoneet
スタンダートツイン1泊2名（朝食込み）
€189〜／全8室
カフェ=11:00〜18:00
（金・土曜19:00）、
無休（季節変動あり）
MAP ▶ P. 10 B-1

5

Matildankartano

マティルダンカルタノ

カフェレストラン

リンゴの木の下でコーヒータイム

1852年に建てられたカルタノ（マナーハウス＝貴族の邸宅）の内部を改装し、トゥオモ・ホルムさんと奥さんのパン職人のエリナ・ランタマキさん夫妻が営むベーカリーとカフェレストラン。身体に良いオーガニックな地元の食材にこだわり、おいしいサラダやピザ、ケーキが揃います。広い店内には、かつて使われていた家具やラグなどがそのまま残っており、素敵なイ

ンテリアでどこのテーブルに座ろうか迷ってしまうほど。

夏は、リンゴの木が生い茂る庭でゆったりコーヒータイムを楽しんでください。サッカーをする地元の子どもたちや、草を食むアルパカを眺めることもできます。地元の人が集うあたたかな雰囲気、犬も入店ウェルカム！ ハーブと花のガーデンが目の前に広がります。

ナチュラル感を残しつつも、
ほどよく手入れされた庭。
素敵な空間でくつろげる。

1852年当時の家具が並ぶ店内。ビンテージ家具を取り入れたインテリアにも注目したい。

1.夏のスペシャルプレート€23。サーモン、新ジャガイモ、完熟トマト、タンポポの酢漬けなど。2.バタークリームと香ばしいナッツがたっぷり入った自家製のキャロットケーキ。

3.焼きたてのサワードウパンが食べられるベーカリー。土曜日はピザの日。4.ハーブフラワーガーデンにはさまざまな花が咲く。5.小規模生産者の食材を使うなど地元愛の深いオーナー夫婦。

Bremerintie 4, 25660 Mathildedal
050 4650 090
matildankartano.fi
夏季：11:00〜16:00
　（火・木曜20:00、金・土曜21:00）、水曜休
冬季：休（ただし、土・日曜のみ営業している場合あり）
MAP ▶ P.10 B-1

Tampere

タンペレ

湖水地方にあるサウナ・キャピタル

　ヘルシンキの約180㎞北北西、湖水地方にあるフィンランド第2の都市。人口は約25万人（2023年現在）で、北にナシ湖、南にピュハ湖のふたつの水位の違いを利用した水力発電の発展で工業都市としてフィンランドの産業革命の中心地となり、グローバル企業「ノキア」もこの地で誕生しました。30を超す公共サウナを有する「サウナ・キャピタル」を宣言し、また2017年にはムーミン美術館も開館。

2021年にはトラムやアイスホッケースタジアム「ノキア・アリーナ」が完成し、目まぐるしく変化する注目の都市です。visittampere.fi

1.ピューニッキ展望台より、ナシ湖とタンペレのシンボルタワー「ナシンネウラ」を望む。2.タンペレはムーミンファンの聖地。3.街の中央を流れるタンメルコスキ川。4.市内中心部を走る便利なトラムは、木と赤を基調とした明るい車内。

📍 ヘルシンキ中央駅からタンペレ駅までインターシティで1時間34分（€14〜、1時間に1本）、または近郊列車R線で2時間11分（€14,40〜、2時間に1本）
※運行間隔は曜日や時間帯によっても異なる

Finlaysonin alue

フィンレイソニン・アルエ

複合施設 👜

タンペレ生まれのテキスタイルブランド

　人気テキスタイルブランド、フィンレイソン（P.156）の工場敷地を再利用した複合施設。かつて3,000人以上の従業員が暮らし、町さながらに教会や病院もあった敷地内は、映画館や博物館、カフェ、レストラン、ショップなどが入居する人気スポットに。フィンレイソン・ファクトリー・ショップでは、掘り出し物の多いアウトレットコーナーを要チェック！

📍 Finlaysoninkatu, 33210 Tampere
www.finlaysoninalue.fi
営業時間は各施設・店舗により異なる
中心部のケスクストリ広場より徒歩15分
MAP ▶ P. 12 A-2

1.赤レンガ造りの建物が両側にそびえる目抜き通り。2.ファクトリー・ショップはベッドリネンやタオルなど寝具の品揃えが豊富。3.1969年から続くエレファンティ柄のペイントも。

Tampereen Kauppahalli

マーケットホール

タンペレ・マーケットホール

タンペレ市民の台所

1901年以降、市民の胃袋を支えてきた歴史ある屋内マーケット。生鮮食品をはじめ、パン屋、花屋、デリ、洋服店など幅広い店が揃います。タンペレ名物の黒ソーセージ (Mustamakkara) もぜひお試しあれ！ ピューニッキ展望台の名物ドーナツもこの市場内で購入可能です。

Hämeenkatu 19, 33200 Tampere
050 5411 792
tampereenkauppahalli.fi
9:00〜18:00 (土曜16:00)、日曜休
中心部のケスクストリ広場より徒歩2分
MAP ▶ P. 12 A-2

1.夏はザリガニなどフィンランドらしい季節の食材も楽しめる。2.自家製パンやプッラも揃うベーカリー。3.豚の血や麦が詰められた、タンペレ名物ムスタマッカラ€4。ベリーソースを添えて。

4 Vuodenaikaa

ネリヤ・ヴオデンアイカ

開店と同時に行列ができる人気店

地元客に人気のマーケット内のブラッセリー。朝食のおすすめは、焼きたてのクロワッサンとスモークサーモンのエッグベネディクト、オレンジジュースとコーヒーがついたモーニングセット。ランチの魚の旨味が凝縮したスパイシーフィッシュスープ€15はボリューム満点。日替わりメニューもあります。

1.エビやサーモンなど具だくさんのフィッシュスープ。2.朝食セットのスモークサーモンのエッグベネディクト。

03 2124 712
4vuodenaikaa.fi
9:00〜16:00、
日・月曜休
MAP ▶ P. 12 A-2

Solo Sokos Hotel Torni Tampere

シティホテル

ソロ・ソコス・ホテル・トルニ・タンペレ

25階のモロ・スカイ・バー (Moro Sky Bar) からの景色が人気。

タンペレの街が一望できるホテル

タンペレは日帰りも十分可能ですが、1泊するならタンペレ駅そばの25階建てのトルニ (タワー) ホテルがおすすめです。フィンランドで安心して泊まれるソコス系列のホテルです。

フィンランドでもっとも高い25階建てのホテル。

Ratapihankatu 43, 33100 Tampere
020 1234 634
www.sokoshotels.fi/fi/tampere/
solo-sokos-hotel-torni-tampere
1泊ツインルーム€165〜／全305室
タンペレ駅より徒歩5分
MAP ▶ P. 12 A-3

Muumimuseo

ムーミン美術館

美術館

ムーミンの世界を体感できる

中庭にあるムーミン像は写真スポット。

©Jari Kuusenaho

タンペレホール内にある2階建て約1,000㎡の体験型ミュージアム。館内は12の物語ごとにコーナーが分かれており、ムーミン一家の冒険の世界にどっぷりと浸れます。作者トーベ・ヤンソンの原画や、パートナーだったグラフィック・アーティスト、トゥーリッキ・ピエティラによる立体模型を約30展示。日本語もあるタッチパネルは、スウェーデン語を選ぶとトーベの声を聴けますよ。

1.一家の暮らしがこまかく表現されているムーミン屋敷は約2mの高さ。2.タンペレホール内にはレストランや、ムーミングッズのショップも。

📍 Yliopistonkatu 55, 33100 Tampere
03 2434 111
www.muumimuseo.fi
9:00（土・日曜10:00）～17:00（木・金曜19:00）、月曜休
（ほか特別休館日＝1/1、4/10、5/1、6/19～21、12/6、12～26）
一般：€13、3～17歳：€6、3歳未満：無料
タンペレ駅より徒歩13分、またはトラム1・3番「Tulli B」より徒歩5分
MAP ▶ P.12　B-3
※館内は撮影禁止（エントランス付近に撮影スポットあり）

Pyynikin näkötornin kahvila

ピューニッキ展望台カフェ

展望台　　カフェ

森と湖の絶景でドーナツを

1929年に、タンペレ150周年を記念してヴィルホ・コルホが設計した高さ26mの塔。海抜152mの展望台から望む360度の景色（P.116上写真）は圧巻です！ その1階に、フィンランドいちおいしいと評判のドーナツ（Munkki）が味わえるカフェが。レシピは80年変わらず、モチモチの生地にカルダモンのスパイスがきいてコーヒー休憩のお供に◎。

1.口のまわりに砂糖がたっぷり付くけれど、気にせずガブリと！2.2020年春にリニューアルされ、内装はターコイズブルーと茶色で明るい印象に。3.森のなかを進むと見えてくる茶色のタワー。

📍 Näkötornintie 20, 33230 Tampere
03 2123 247
www.munkkikahvila.net
9:00～20:00、
夏至・12/24 9:00～16:00、無休
展望台入場料€2（チケットは1階のカフェで販売）
ケスクストリ広場より7・8・10・70A・70B番
いずれかのバスで6分「Pirkankatu24」下車、徒歩9分
MAP ▶ P.12　B-1

Café Pispala

カフェ・ピスパラ

カフェ

高台のパンケーキが
おいしいカフェ

　ピューニッキ展望台の北側を走る道路を西へのぼるとある、昔ながらの木造建築が並ぶピスパラ地区の人気カフェ。週末のアメリカンスタイルのブランチが人気です。そこから5分のプーッキメッタ公園は、地元の人が犬の散歩や読書をしにやって来る癒しのスポット。高台からはピュハ湖とナシ湖の両方が見渡せます。

📍
Pispankatu 30, 33240 Tampere
040 7011 603
www.ohanarestaurants.com/
cafe-pispala.html
タンペレ中心部よりバス10番で20分
「Hirvikatu」下車、徒歩5分
MAP ▶ P.12　A-1

1.ピュハ湖を望む、絵葉書のような美しい風景。6月はライラックや菜の花が満開。2.平日は週替わりのメニュー、スープ、サラダ、パスタなどもある。3.店主おすすめのパンケーキ€15,50は、ふわふわでボリュームたっぷり。

Rajaportin Sauna

ラヤポルティ・サウナ

薪サウナ

フィンランド現存最古の
公衆サウナ

　ピスパラ地区にある、1906年に開業したフィンランドに現存する最古の公衆サウナ。心地のよいロウリュでじっくり身体をあたためたら、中庭でクールダウンしながら心も身体もリラックスできます。アットホームな雰囲気で、地元の人たちとの何気ない会話が自然とはじまります。フィンランドのサウナの真髄に触れる、特別な体験ができます。

1.中庭では、タオル1枚で涼みながら会話を楽しむ地元の人々の姿が見られる。2.バス通りの大きな道路に面した黄色いパステルカラーの建物。

サウナのあとは、隣のカフェでよく冷えたビールを1杯。

📍
Pispalan valtatie 9, 33250 Tampere
050 3102 611／044 0559 353（カフェ）
www.rajaportinsauna.fi
16:00（金・土曜14:00）〜22:00、火・木・日曜休
カフェ=15:30（金・土曜13:30）〜22:30、火・木・日曜休
タンペレ駅よりバス7・8・70A・70B番で15分
「Rajaportti」下車、徒歩1分
MAP ▶ P.12　A-1

Porvoo

ポルヴォー

芸術家が愛した歴史ある美しい街並み

およそ800年の歴史を持つ、トゥルクに次ぐフィンランドで2番目に古い町。ポルヴォー川がフィンランド湾に流れ込む河口に位置し、18世紀は貿易の要衝として栄えました。フィンランド国歌「我らの地（Maamme）」を作詞した詩人、J.L.ルーネベリの故郷であり、画家アルベルト・エーデルフェルトが住んでいた町としても有名です。川沿いには芸術家たちに愛されたパステル色のかわいい木造建築が並び、旧市街から川を挟んだ向こう側の丘から見下ろす風景もまた美しいです。ヘルシンキから日帰りで、夏は多くのフィンランド人観光客が訪れます。
www.visitporvoo.fi

1.川沿いに建ち並ぶ赤い木造の倉庫群は、かつては輸入された商品や香辛料が貯蔵されていた。2.おしゃれなレストラン、おいしいカフェやチョコレートブティック、雑貨店などが通りに並ぶ。3.ルーネベリの銅像や博物館、お墓もある。

ヘルシンキ市内のカンピ長距離バスターミナルからポルヴォー行きバスで約1時間（€6,80～、20分に1本）
◎夏季はヘルシンキのマーケット広場より船で3時間半でも行ける（片道€32、往復€43）
www.msjlruneberg.fi

Porvoon tuomiokirkko

ポルヴォー大聖堂

大聖堂

高台に建つ町のシンボル

旧市庁舎前広場から、石畳の坂を上った高台に建つ石造りの大聖堂。1450年に建てられましたが、長い歴史のなかで5回も全焼し、2006年の放火により焼失した後再建され、2008年に再開されました。パイプオルガンのコンサートが行われたり、夏季は結婚式などでにぎわいます。高台から見えるポルヴォーの景色をぜひ楽しんでください。

1.毎週日曜10時には、フィンランド語でミサが行われる。
2.真っ白な漆喰の壁と切妻式の屋根が印象的な外観。

Kirkkotori 1, 06100 Porvoo
019 6611 250
www.porvoonseurakunta.fi
入場無料
5〜9月：10:00〜18:00（土曜14:00）、日曜14:00〜17:00、無休
10〜4月：10:00〜14:00、日曜14:00〜16:00、月曜休
MAP ▶ P. 11 A-3

J. L. Runebergin koti

J.L. ルーネベリの家

博物館

国歌誕生の地を訪ねて

　フィンランド国歌「我らの地（Maamme）」を作詞した詩人、J.L.ルーネベリが妻のフレドリカと住んでいた家が、今も博物館として残っています。1860年代当時の雰囲気を味わえる貴重な場所で、家具、芸術作品、食器がそのまま保管されています。夏季のみ庭園も散策できます。ミュージアムショップものぞいてみて。

Aleksanterinkatu 3, 06100 Porvoo
040 4899 900
porvoo.fi/runebergin-koti
一般：€8、18歳未満：無料
10:00～16:00、9～4月の月・火曜・5/1休
MAP ▶ P.11　A-4

1.たくさんある観葉植物の多くは、フレドリカが育てていた植物の挿し木から育ったもの。2.パステルオレンジ色の歴史を感じさせる建物。住宅街にある。3.ルーネベリタルトのイラストが描かれたマグカップ€17。タルトの焼き型€3も販売。

Vanhan Porvoon jäätelötehdas

ヴァンハン・ポルヴォーン・ヤーテロテヘダス

アイスクリーム

ミュシュランシェフの
絶品アイスクリーム屋台

　2012年にヘルシンキでミシュランの星を獲得したシェフが、2017年にポルヴォーでスタート。大聖堂そばのヴァンハン・ポルヴォーン・グラシッコで食べられます。夏の間は旧市庁舎前広場やポルヴォー川沿いなどに屋台も出没。10種類前後のフレーバーから1～3種類トッピングできます。

Kirkkotori 7, 06100 Porvoo
（Vanhan Porvoon Glassikko）
www.vanhanporvoonjaatelotehdas.fi
040 5166 995
12:00～20:00、無休
MAP ▶ P.11　A-4

1.イチゴと、パパイヤ＆グアヴァソルベ味。深い味わいで甘さ控えめなので、大きいのにペロリと食べられる。2種盛りは€5。2.屋台は4/15～9月のみ営業、出没する場所や時間はSNSでチェック（@vanhanporvoonjaatelo）。3.店内はカラフルでポップ！

2

Brunberg

ブルンベリ

チョコレート

ポルヴォー産の
おいしいチョコレート

4

　ポルヴォーに工場を構える、1871年
創業のフィンランドで人気のチョコレー
トメーカー。看板商品のスーッコは、イ
チゴ味のマシュマロがチョコレートで
コーティングされており、ふわふわな食
感がたまりません。濃厚なトリュフチョ
コレートは、ほのかな甘さでコーヒーと
の相性もばっちり。ほかファッジやゼ
リーも並びます。

2

Välikatu 4, 06100 Porvoo
019 5484 235
www.brunberg.fi/myymalat
10:00〜18:00（土・日曜16:00）、無休
MAP▶ P.11　A-4

1.試食しながら買い物できるのが楽
しい。2.定番のトリュフチョコレートは
ヘルシンキ市内のスーパーより若干
お買い得の€4,75。3.旧市街の入り
口付近にある。4.包み紙もかわいい
「スーッコ（Suukko＝キス）」。

Tee- ja Kahvihuone Helmi

テー・ヤ・カハヴィフオネ・ヘルミ

カフェ

ケーキがおいしい
アンティークカフェ

　フィンランド語で「パール」を意味す
るヘルミは、1983年にオープンしました。
店内に一歩入ると、素敵なアンティーク
の家具や食器が並ぶ18世紀の世界が
広がります。ガラスのショーケースには
通年提供される、ポルヴォー名物の
ルーネベリタルトをはじめ、旬の素材を
使った上品な味のケーキが10種類以上。
ハウスコーヒーは€3,50。ポルヴォーで
私がいちばんお気に入りのカフェです。

2

Välikatu 7, 06100 Porvoo
019 581 437　www.teehelmi.fi
11:00（土曜10:00）〜18:00、
無休（季節変動あり）
MAP▶ P.11　A-4

1.シナモンやカルダモンが香る名物のルーネベリタルト€4,50。2.ラズベリー
ケーキ€7,50など、季節のフルーツを使ったケーキが並ぶ。3.アンティーク
なインテリアのなか、ニコライ2世の肖像画なども。

Gabriel 1763

ガブリエル 1763

ピザ

一風変わった
ユニークなピザ店

　旧市街の目抜き通りにある大人気の
ピザレストラン。1763年に当時ポル
ヴォー市長だったガブリエル・ハゲルト
がこの土地に自身の家を建てたのが店
名の由来。サクサクの食べやすいピザ
生地を焼き上げた後に、地元で採れる
食材をトッピングした、オープンサンド
のような一風変わったユニークなピザ
が味わえます。

Jokikatu 20, 06100 Porvoo
040 1763 126
www.gabriel1763.fi
11:00（火曜15:00）〜20:00（金曜22:00）、
土曜12:00〜22:00、日曜12:00〜18:00、
月曜休（季節変動あり）
MAP ▶ P. 11　A-3

2

1.スモークサーモン、アスパラガス、
キュウリなどをトッピングしたガムラス
タン€17。2.ダークビール€6,90（左）
とハウスレモネード€4,50などドリンク
も充実。3.平日はサラダ、ドリンク付き
の€11のランチメニューあり。

Porvoon Paahtimo

ポルヴォーン・パーハティモ

カフェバー

赤い木造の
リバーサイドカフェバー

　1902年にオスカル・シモリンによって
建てられ、かつてバターとチーズを貯蔵
していた4階建ての赤い木造倉庫。入
り口は橋の下に。2階席はキャンドルが
焚かれ雰囲気の良い店内に、自家焙煎
のコーヒーのほか、常時6タップある
ビールやワイン、コニャックやウイスキー
などアルコールも豊富に揃います。風情
が漂う川沿いの船のテラス席が人気。

Mannerheiminkatu 2, 06100 Porvoo
019 617 040　porvoonpaahtimo.fi
10:00（日曜11:00）〜22:00
（水・木曜23:00、金・土曜翌2:00）、
無休（季節変動あり）
MAP ▶ P. 11　A-4

3
2

1.いちばん人気の席は、川沿いの
船の上。2.私のおすすめは、プリン
セスケーキやチーズケーキ。3.ポル
ヴォー名物、ルーネベリタルト味の
コーヒーも。

Ainola

アイノラ

音楽家シベリウスの美しい自邸

　フィンランドが生んだもっとも有名な作曲家、ジャン・シベリウスとその妻アイノ・ヤルネフェルトが半世紀にわたり家族と暮らした自邸「アイノラ」。より音楽制作に集中できる環境を求め、1904年にヘルシンキから北へ36km離れたヤルヴェンパー市レポラ村という田舎へ一家で移住したのは、アイノの提案でした。

　トゥースラ湖のほとりに佇む美しい住まいは、現在は夏季のみ内部が一般公開されています。約4haの敷地に、建築家ラルス・ソンクにより設計された家をはじめ、アイノが設計したサウナ小屋、シベリウスとアイノが眠るお墓も残されています。庭園には果物や野菜、花が栽培され、自給自足の生活を送っていた様子が伺えます（庭園ツアーあり）。

　敷地内の別館にある「カフェ・アウリス」では、庭園を眺めながらシベリウスの名曲「フィンランディア」の流れるなかコーヒータイムを。彼らの素朴で豊かな生活を回想しながら優雅なひと時が過ごせます。

Jean Sibelius

ジャン・シベリウス（1865-1957）

—

フィンランドを愛した大作曲家

フィンランド、ハメーンリンナ生まれの作曲家、ヴァイオリニスト。母国語はスウェーデン語、父は医師でシベリウスが2歳の時に他界。ヘルシンキの音楽院で学び、ベルリン、ウィーンへ留学。1891年に「クレルヴォ交響曲」で注目を浴びる。1892年にアイノと結婚、6女に恵まれる。1904年にアイノラへ移住。脳出血により91歳で死去。フィンランドの自然や神話を題材にした曲が多く、代表作は交響詩「フィンランディア」(1899)、「カレリア組曲」(1893)、「悲しきワルツ」など。「フィンランディア」はフィンランド人の愛国心を掻き立てロシアからの独立を後押ししたとされ、後に賛歌のメロディに歌詞が付けられ、第2の国歌とも言われる。

1.庭からアイノラを望む。ガーベラやポピーなどさまざまな花が咲き乱れる。2.ふたりが眠るお墓のまわりにはたくさんのリンゴの木が生い茂る。3.娘たちが結婚して引っ越した後、子ども部屋を改装してつくられた図書室。4.ダイニングルームから2階へと続く階段。5.綺麗に手入れされた、アイノの庭を眺めることができる。6.カフェ・アウリスの洋ナシのケーキ€6,20とコーヒー€3。

Ainolankatu 1, 04400 Järvenpää
09 287 322／www.ainola.fi
5〜9月＝10:00〜17:00、月曜休
10〜4月＝休
一般＝€15、7〜16歳＝€4
ヘルシンキ中央駅からアイノラ（Ainola）駅まで
近郊列車R線で24分
（€5,50、30分に1本）、徒歩15分
MAP ▶ P. 11　B-3

短い夏を過ごすサマーコテージ

多くのフィンランド人は、田舎にもムッキ（Mökki＝サマーコテージ）を所有しています。親から子へ、さらにその下の世代へと受け継がれ、貴重な夏休みの数週間は日常から切り離した時間を家族や親しい友人たちとここで過ごし、短い夏を思う存分に楽しみます。

サマーコテージでの楽しみは、ベリーや野花を摘んだり、屋外で釣った魚やソーセージ、キノコでバーベキューをしたり、サウナに入る前に薪を割ったりとたくさんありますが、なかでも私のいちばんのお気に入りは、サウナ

木で造られたコテージには、薪サウナもあり、サウナ室からそのまま湖にアクセスできる。

に入った後に裸のまま目の前の湖にジャンプし、ポカーンと仰向けに浮かぶことです。こうすると地球との一体感を味わえるのです。これを

何度も繰り返します。夜はこぼれ落ちそうなほどの満天の星を見てから眠りにつきます。持参した本を読んだり、手漕ぎボートに乗って、近所の湖で"散歩"を楽しんだりもします。

人気のサマーコテージの必須条件は、湖に面していること（サウナの後に飛び込める）。フィンランド最大の湖、サイマー湖畔には多くのサマーコテージが点在しており、なかでもプーマラ（Puumala）は、とくに人気の夏の保養地です。ここにはフィンランド自然保護協会のシンボルにもなっている、絶滅危惧種のサイマーンノルッパ（サイマーワモンアザラシ）が440頭ほど（2023年3月時点）棲息しています。

Kesämökki

1.海にくらべると湖の水温は高く、気持ちよく泳げる。2.綺麗な景色を眺めながら食べる食事は一段とおいしい。3.プーマラにあるサイマーワモンアザラシ親子の銅像。

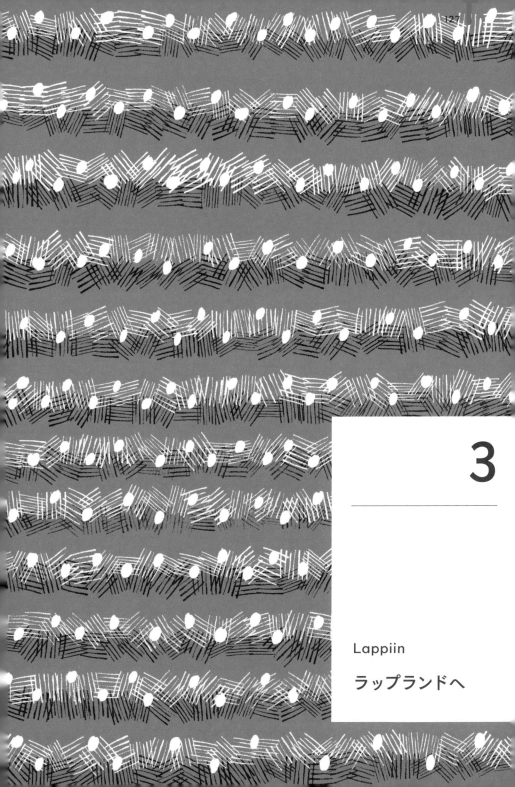

3

Lappiin

ラップランドへ

大自然を体感しに魅惑のラップランドへ

ラップランド（フィンランド語で「Lappi＝ラッピ」）とは、フィンランド、スウェーデン、ノルウェー、ロシアにまたがる北緯66度33分以北の北極圏内のエリアのこと。夏は太陽が沈まない白夜（Yötön yö＝ウオトン・ウオ）、冬は雪と氷で覆われ、太陽が顔を出さない極夜（Kaamos＝カーモス）の期間もあります。

フィンランドのラップランドの面積は約9万3,000㎢（ハンガリーの国土とほぼ同じ）、人口は約18万人（2023年）で、現在も先住民族サーメ人（Saamelainen＝サーメライネン）が暮らしており、トナカイ放牧で育んできた文化やきびしい自然だからこそ生まれる美しい風景が見られます。

山はなく、永久凍土で夏にコケ類が生える平坦なツンドラが延々と続きます。夏はハイキング、秋は紅葉とベリー摘み、冬はオーロラ観測とウィンターアクティビティなどを楽しめます。

オーロラベルトに位置するラップランド。9月〜4月上旬まで壮大なオーロラカーテンが見られることも！
©Visit Rovaniemi (Rovaniemi Tourism & Marketing Ltd.)

Lapland

ラップランド

Lapland

北極圏

先住民族サーメの町

Inari
イナリ

ラップランド最大の湖、イナリ湖畔の小さな町。先住民サーメ文化に触れられる博物館「シーダ」、サーメのラジオ局、サーメ伝統的な工芸品を扱ったショップなどがある。

屈指のスキーリゾート

Levi
レヴィ

ワールドカップなど国際スキーレースが開催されるスキー場がある若者に人気の町。スノーアクティビティのほか、クラブやバー、レストラン、ホテルなどの施設も充実。映画「雪の華」のオーロラシーンのロケ地もある。

オーロラ目的の方におすすめ

Saariselkä
サーリセルカ

ウルホ・ケッコネン国立公園近くの高原リゾート地でスノーアクティビティがさかん。オーロラオーバル(オーロラが同時に出現する領域)の真下にあり、晴天率が高いことから高確率でオーロラ観測ができる。

ラップランド第2の都市

Kemi
ケミ

ボスニア湾岸の都市。フィンランド最長の川、ケミ川が流れ、豊富な水と森をいかしたパルプ産業が主産業。スウェーデンの国境近くでアイスホテルや砕氷船などウィンターアクティビティも体験できる。

北極圏の入り口

Rovaniemi ▸P.130
ロヴァニエミ

サンタクロースが住んでおり、建築家アルヴァ・アアルトが都市計画を担当した町としても知られる。サンタクロース村があり、雪原を疾走するハスキーサファリやトナカイソリが体験できる。

Rovaniemi
ロヴァニエミ

ツンドラのなかでウィンタースポーツを楽しめるのは、ここだけの特別な体験。©Visit Rovaniemi (Rovaniemi Tourism & Marketing Ltd.)

サンタクロースに会いに行こう!

1.市街地とオウナスヴァーラの丘に架かる木こりのろうそく橋(全長327m)は、1989年に建設された。2.サンポケスクス前の広場にある時刻と気温を示すタワーは町のシンボル的存在。

ヘルシンキから約697km北にあるラップランドの中心都市。ケミ川とオウナス川の合流地点に位置しており、かつては木材集積地として栄えました。第2次世界大戦で街の大半が破壊されましたが、アルヴァ・アアルトが都市計画を担当し、近代的な都市に再生。サンタクロース村のほか、アクティビティ催行会社も多いので、夏はハイキングやカヌー、冬はハスキーサファリやトナカイソリツアー、オーロラ観測を楽しめます。

中心部には観光案内所や銀行、マリメッコやペンティックなどのショップや飲食店20軒以上が入る大型ショッピングセンター「サンポケスクス」、その近くに2013年6月にロシアのムルマンスク店がオープンするまで世界最北だったマクドナルドもあります。
www.visitrovaniemi.fi

飛行機　ヘルシンキからロヴァニエミ空港まで国内線で1時間35分（€126〜季節変動大、1日3〜10便）。
鉄道　ヘルシンキ中央駅からインターシティで8〜13時間（€67〜100、1日5〜9本）。直通は日中1本で、ほかはタンペレやオウルなどで乗継ぎあり。夜行列車「サンタクロースエクスプレス」も1日1本あり。

3.夏はロヴァニエミへ向かう道中にたくさんのトナカイと遭遇する。4.トナカイソリを案内してくれるサーメ人の伝統衣装を身にまとった女性。5.マイナス20℃のなかハスキーサファリ。犬達が力強く引っ張りかなりスピード感がある。

Arktikum

博物館

アルクティクム

1.展示室には、フィンランドの国獣の熊をはじめ、トナカイや鳥など迫力満点。2.ガラスのトンネルは、1992年にデンマークの建築事務所によって設計された建物。3.ヨーグルトやパンケーキなどにかけるとおいしい、クラウドベリーのシロップ€9,90。4.野生動物をモチーフにしたデザインがかわいい、キツネのマグカップ€8,90。5.サーメ伝統柄のハンドメイドポーチ€98。

北極圏の自然と歴史博物館

　ガラスのトンネルが特徴的な博物館。ラップランド地方の自然や歴史、北極圏の少数民族サーメの文化について模型やデジタル資料を使って楽しく学べる、見応えたっぷりの展示は要チェックです。併設のショップにはラップランドのおみやげコーナーもあり、充実した品揃え。

Pohjoisranta 4, 96200 Rovaniemi
016 3223 260
www.arktikum.fi
一般：€18、7〜15歳：€5、7歳以下：無料
1〜11月＝10:00〜18:00、月曜休
12月＝10:00〜18:00、12/24休
MAP ▶ P.13　**A-2**

5

Joulupukin pajakylä

サンタクロース村

テーマパーク

一年中サンタクロースに会える！

　ロヴァニエミの中心部から約8km北東にある、サンタクロースに会えるテーマパーク。コルヴァトゥントゥリの山でトントゥ（妖精）達と暮らしているサンタクロースが毎日通い、世界じゅうの人々から届く手紙に返事を書いている建物がサンタクロース・メイン・ポストオフィス（サンタクロースのハガキや切手も販売）。サンタクロース・オフィスの建物では、通年サンタ

クロースと一緒に記念撮影ができます（A4写真1枚€35、写真とムービーのデータ€50〜）。

　敷地内を北極線が通っており、北極圏到達証明書も発行可能。トナカイやハスキーのソリツアーも体験できるほか、クリスマス関連のグッズが揃うショップや、マリメッコのアウトレット、レストランやカフェもあり、大人も子どもも一日じゅう楽しめます。

サンタクロースがいるのは、村の中心にあるトンガリ屋根が目印のサンタクロース・オフィス。

©Visit Rovaniemi (Rovaniemi Tourism & Marketing Ltd.)

1.大きな身体とふわふわのヒゲのサンタクロース。そばで見るとその オーラに圧倒される。2.サンタクロースから手紙が届くサンタ メール€8,90の申し込み用紙に記入する人達。3.サンタからの 手紙を届く時期は、投函の際に普通のポストとクリスマスに届く 用のポストから選べる。4.ショップはクリスマスグッズが豊富。サ ンタクロースの小さな置物は€19,90。

3   4

ソリツアーの出発を待つトナカイ達。のんびりスピードを楽しみた い方におすすめ。

Tähtikuja 1, 96930 Rovaniemi
020 799 999
santaclausvillage.info
santaclausoffice.com
11:00〜17:00（店舗により異なる）、無休／メイン・ ポストオフィス=1/7〜5月、9〜11月 10:00〜17:00、 6〜8月 9:00〜18:00、12月〜1/6 9:00〜19:00
入場無料
ロヴァニエミ中心部のバス停「Arctic Light Hotel / Hostel Cafe Koti」（ラヴィントラ・ニリのそば、サンタ ズ・ホテル・サンタクロースから徒歩3分）より8番バ スで35分「Arctic Circle」下車すぐ（片道€3,60、1日 券€9、1時間にほぼ1本）。またはロヴァニエミの中心 部のホテルを巡回するバス「サンタズ・エクスプレス」 で25分「Santa Claus Village」下車（€3,50、1時間 にほぼ1本）
MAP ▶ P. 13　A-1

©Visit Rovaniemi (Rovaniemi Tourism & Marketing Ltd.)

4.北緯66度33分線（北極線）を越える瞬間を写真 に収めるのがお決まり。5.地面にペイントされている 北極線は、積雪の季節は電飾で表示される。

アアルトの建築散歩

フィンランドが生んだ20世紀を代表する建築家アアルト。自然を強くイメージさせる美しいデザインと、使いやすい機能性を兼ね揃えた設計で、モダニズム建築に大きな影響を与えました。「建築は家具と補完し合うもの」と考えていたアアルトは、自身が設計した建築に合わせて家具のデザインも手掛けました。ここでは、都市計画を手掛けたロヴァニエミを含め、国内のアアルト建築を都市別にご紹介します！

Rovaniemi
ロヴァニエミ

第2次世界大戦後、ラップランド地方を象徴する動物、トナカイの角の形状をした町「トナカイの角計画」として、市庁舎や図書館などの設計に携わり、現在の町を造りあげた。

1965

Alvar Aalto
アルヴァ・アアルト
（1898-1976）
—

©Eva and Pertti
Ingervo, Alvar
Aalto Foundation
(alvaraalto.fi)

フィンランドを代表する建築家

フィンランド、クオルタネ出身の建築家、デザイナー。建築から都市開発、家具、ガラス食器などの日用品のプロダクトデザイン、絵画まで多岐にわたり世界的に活躍した。生涯200を超える建物を設計し、フィンランドの各都市に彼による設計の施設が点在する。1935年仲間4人でアルテック（P.157）を創業。彼がデザインした家具やインテリアの作品は今でも世界中で使用されている。

Rovaniemen kirjasto
ロヴァニエミ市立図書館

📍 MAP ▶ P. 13　C-1

1.扇形の図書館ホールと細長い長方形のオフィス棟のふたつの部分が繋がって構成されている。
2.アアルトが手掛けた図書館は、いずれも読書エリアの階が貸出ホールよりも低くなっている点が特徴。

1975

Lappia-talo
ラッピア・ホール

📍 MAP ▶ P. 13　C-1

劇場やラジオ局、学校などが入っている。波状にうねった屋根の形は、ラップランドの山々の景色のように見える。

Rovaniemen kaupungintalo
ロヴァニエミ市庁舎

📍 MAP ▶ P. 13　C-1

1986

アアルトの死後、2人目の妻エリッサ・アアルトが引き継ぎ完成。議会ホール、会議室などの重要な施設は中央エントランス周辺にある。

Seinäjoki
セイナヨキ

教会や教区センター、市庁舎、図書館、市民広場などのシティセンター全体を「平原の十字架」と題しアアルトが設計したアアルト・センターは、アアルト・ファンの聖地。

Lakeuden Risti
ラケウデン・リスティ教会

📍 MAP ▸ P. 11　C-4

1.白漆喰仕上げのレンガ造り。隣接する高さ65mの鐘楼は夏季のみ見学可能（一般：€1、18歳以下：€0,50）、エレベーターあり。2.1,324名を収容するホールは奥行き47m。入り口から祭壇に向かい60㎝ほど傾斜になっている。

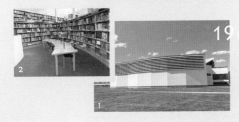

Seinäjoen kaupungintalo
セイナヨキ市庁舎

📍 MAP ▸ P. 11　C-4

1.年月を経て変化する深みのある青いセラミックタイルの壁が特徴的な外観。2.館内には白いセラミックタイルが貼られた柱も。

Aallon kirjasto
アアルト図書館

📍 MAP ▸ P. 11　C-4

1.扇形と長方形を組み合わせたレイアウト。南向きに建てられたため直射日光が当たらないひさしの工夫も。2.2015年の改修工事で閲覧室の家具も修復。アピラ図書館（P.33）と地下でつながっている。

Jyväskylä
ユヴァスキュラ

アアルトが幼少期から高校卒業まで過ごし、大学卒業後に最初に構えたオフィスがあった、アアルト建築がいちばん多い町。大学キャンパス、学生食堂、スイミングプールなどの施設をはじめ、アアルト・ミュージアムもある。

Jyväskylän yliopisto
ユヴァスキュラ大学

📍 MAP ▸ P. 11　C-3

スポーツ・ヘルスサイエンス学部の建物はほかの赤レンガ部分とは異なり、白の漆喰で仕上げられている。

Alvar Aalto-museo
アルヴァ・アアルト・ミュージアム

📍 MAP ▸ P. 11　C-3

アアルト建築やデザイン、彼の生涯について深く知ると同時にアアルトの建築空間を体験できる。
※改装工事中。2023年5月27日より再開館予定

©Janina Kastikainen,
Alvar Aalto Foundation

Helsinki
ヘルシンキ

1933年に事務所を移し、自邸を構えてから数多くの作品を生み出した場所。アメリカのマサチューセッツ工科大学で教授を務めた1946〜1948年を除き、死去する1976年までを過ごした。

Finlandia-talo
フィンランディア・ホール

📍 MAP ▶ P.8 A-2

1971

1.トーロ湾のほとりに建つ、1,700名を収容できるホールは、コンサートや会議に使用されている。2.外壁はイタリアのカッララの大理石、内部の壁タイルの一部はアラビア社製。国旗色の白と青を基調としたデザインで、ブルー部分は音響効果もある白樺を湾曲して使用している。

※2023年現在、大規模改装中。2024年秋に再オープン予定

Kansaneläkelaitos (Kela)
国民年金協会ビル（ケラ）

📍 MAP ▶ P.6 A-2

1.通称ケラ本部ビル。アラビア製のセラミックが最初に使われた建物でもある。2.ガイドツアーはウェブサイトで確認を（www.alvaraalto.fi）。社員食堂も素敵。

1956

1955

Rautatalo
ラウタタロ（鉄鋼業者協同組合ビル）

📍 MAP ▶ P.9 B-3

1.高い天井から光が射し込み開放感のある空間で、床面にはカッララの白い大理石が使われている。2.穴場なアアルト空間。地元客でにぎわうランチスポットで店名のデュラン・マルモリピハ（Dylan Marmoripiha）は「大理石の庭」の意味。

◎そのほかのアアルト関連スポット（ヘルシンキ市内）
アカデミア書店（P.34）、カフェ・アアルト（P.35）、
アルテック（P.39）、ラヴィントラ・サヴォイ（P.62）、
ホテル・ヘルカ（P.87）

Alvar Aallon kotitalo
アアルト自邸

📍 MAP ▶ P.6　A-1

1936

1.生涯日本に行くことはなかったが
引き戸やすだれのあるリビングルー
ムなど日本の影響も見られる。大き
な窓から緑豊かな庭の景色が広
がる。2.自宅のアトリエ。窓際には
アアルトが描いた油絵も。3.自邸
外観。内外装ともに仕事場とプライ
ベート空間では使用する素材を変
えることで差別化している。4.仕事
場となっていたアアルトの特等席。

1955

Alvar Aallon ateljee
アアルト・アトリエ

📍 MAP ▶ P.6　A-1

1.アアルト自邸から徒歩数分。円形劇場を模した階段状の中
庭を囲っており緑豊かな景色が眺められる。2.彼の手掛けた
設計は、多くがこのアトリエで生まれた。

◎自邸とアトリエは、ガイド付きツアーあり（予約
はウェブサイトより）www.alvaraalto.fi/en/
location/the-aalto-house

Kanavaranta 1
カナヴァランタ 1

📍 MAP ▶ P.9　B-4

1.立方体の建物で、こちら
もカッララの白い大理石を
使用。オフィスビルで愛称
はシュガー・キューブ（角砂
糖）。2.内装には木材が使
われ、家具や照明はこの建
物のために特別にデザイン
された。

1962

Ravintola Nili
ラヴィントラ・ニリ

ラップランド料理 🍴

ラップランド郷土料理を堪能しよう！

　地元で人気のラップランド料理の名店。トナカイ2種類のステーキ€38,40やトナカイの伝統的な料理€29,70は、付け合わせの甘酸っぱいリンゴンベリーとの相性が良く、臭みがなくおいしくいただけます。地元産のポルチーニ茸が入った濃厚クリームスープ€11,40も絶品！ 酸味のきいた風味豊かなライ麦パンと一緒にぜひ味わってみてください。

Valtakatu 20, 96200 Rovaniemi
040 0369 669
www.nili.fi
16:00（土曜14:00）〜23:00、日曜休
MAP ▶ P. 13 B-2

1.赤身のミディアムレアが、トナカイのおいしさを引き出しやわらかく食べられる調理法。2.ククサ（白樺のコブをくり抜き手づくりされるマグカップ）に入れて出されるクリームスープ。3.ランプには、トナカイの角が使われている。

Ravintola Bord
ラヴィントラ・ボード

モダンフィンランド料理 🍴

スカンディックホテルのレストラン

　サラダやバーガーなどシンプルなものから、肉や魚料理までお腹の空き具合によってチョイスできるメニューが揃うカジュアルなレストラン。ラップランド滞在中にお米が食べたくなったらここのサツマイモのリゾットがおすすめ。量が多いので女性ふたりなら前菜とメインをシェアするのもアリ。

Koskikatu 23, 96200 Rovaniemi
（スカンディック・ロヴァニエミ・シティ1階）
016 4606 000
www.scandichotels.com/hotels/finland/
rovaniemi/scandic-rovaniemi-city/
restaurant-bar/a-la-carte-restaurant
18:00〜21:30、日曜休（季節変動あり）
MAP ▶ P. 13 B-2

1.モダンなインテリアの内装で、サービスも良い。2.ボリューム満点のチキンクラブサンドイッチ€19,50。3.おすすめのサツマイモのリゾット€18,50。

Santa's Igloos Arctic Circle

サンタズ・イグルーズ・アークティック・サークル

ホテル（イグルー）

ガラスイグルーから
オーロラウォッチ

　ラップランドで展開するサンタズホテルの系列で、憧れのガラスイグルー（ドーム型のガラス屋根）に泊まれるホテル。ベッドに寝転がると空を眺めながら眠ることができます。オーロラアラーム（オーロラが出てきた時に起こしてくれるサービス）完備で、あたたかい部屋からオーロラウォッチングもでき、特別な思い出になること間違いなしです。

　ホテル内のレストラン「ラヴィントラ・アークティック・アイ」では、クリーミーフォレストマッシュルームスープ€15や、ていねいに調理され臭みがなくやわらかなラップランド産トナカイの肉料理€30が楽しめます。ロウソクの形をした窓から見える外の雪景色はとても綺麗です。壁には地元のアーティストによる、自然をテーマにした作品も。

📍 Joulumaankuja 8, 96930 Rovaniemi
040 0102 181
santashotels.fi
ガラスイグルー1泊2名€374〜（朝食、オーロラアラーム、空港ホテル間の送迎料金含む）。季節変動が大きく、1月などハイシーズンは€680〜／全71室（サウナ付きのイグルーもあり）
MAP▸P.13　A-1

1.運が良ければ寝転がりながら迫力満点のオーロラが鑑賞できる。2.朝食もこのレストランでいただく。3.特殊なガラスが使われており、窓は曇らない。4.部屋はコテージ風に独立している。

Santa's Hotel Santa Claus

サンタズ・ホテル・サンタクロース

シティホテル

安心して泊まれるおすすめホテル

　ロヴァニエミの中心地であるコスキカトゥ通り沿いに立つ高級ホテル。高層階（5階）にあるサウナ付きのデラックスルーム（2名€199〜）がとくにおすすめで、部屋からはロヴァニエミを一望できます。サウナのない部屋でも、共用サウナが利用可能。朝食ブッフェはメニューの種類が豊富なのがうれしいポイント。なかでも自分で焼くことができるワッフルが大人気です。

　徒歩数分の場所にラップランド料理のレストランやカフェ、おみやげ店、映画館も併設するサンポケスクスもあり大変便利。寒い冬の時期でも、屋外を長い時間歩かなくても済むのは大きなアドバンテージです。

1.おすすめのデラックスルーム。落ち着いたインテリアでリラックスできる。2.部屋からロヴァニエミ市街地を一望。空の色の移り変わりは見ていて飽きない。3.ボリューム満点の朝食はベリー類や野菜も充実。4.デラックスルームはバスタブも完備。5.デラックスルームのサウナ室からも市街地を眺められる。

📍
Korkalonkatu 29, 96200 Rovaniemi
santashotels.fi
040 0102 220
スタンダードルーム2名利用（朝食込み）
€139〜／全170室
空港から乗り合い巡回バスで15分（€12）
MAP ▶ P.13 　B-2

Lapland Hotels Sky Ounasvaara

ラップランド・ホテルズ・スカイ・オウナスヴァーラ

リゾートホテル

ホテル屋上からオーロラ観測ができる

　オウナスヴァーラの丘の頂上に建ち、屋上のテラスからオーロラ観測ができるリゾートホテル。ロビーにはオーロラ予報もが貼ってあるので要チェックです。隣にはスキー場やスポーツ複合施設、ゴルフ場なども。冬はオーロラ観賞やウィンタースポーツを、夏は白夜を体験でき、ホテル周辺の森でブルーベリー摘みも楽しめます。ラップランドの大自然を身近に感じたい方におすすめです。

　大きなガラス窓から、ロヴァニエミ市街とケミ川渓谷の景色を楽しみながら食事ができるレストランも人気。ラップランド地方の食材を使ったおいしい料理が味わえます。おすすめはサウナ付きのツインルーム€170〜。ロヴァニエミ市内中心部から3kmほどの場所にあり、ホテルレセプションでタクシーなど手配してくれます。

1.オーロラ観察もできるホテル屋上のテラスからは、壮大な自然風景が楽しめる。2.森のなかにあるホテルの部屋からは、木々の癒しの風景が楽しめる。3.中心部から外れた自然のなかでのオーロラ観測したい方におすすめ。4.レストランは予約時に窓際のテーブルを希望と伝えておくと良い。5.自家製ベリージュースや地元で採れたアンズ茸のリゾットなどがおいしい。

 Juhannuskalliontie, 96400 Rovaniemi
016 323 400
www.laplandhotels.com
スタンダードツインルーム€147〜（季節変動大）／
全71室
空港から乗り合い巡回バスで40分（€12）、
中心部からタクシーで5〜10分（€20程度）
MAP ▶ P.13　A-1

©Visit Rovaniemi (Rovaniemi Tourism & Marketing Ltd.)

ラップランドでオーロラ観測

オーロラとは、上空100〜500kmで起こる放電現象。太陽から発生して帯電した微粒子が地球の大気中の原子や分子に衝突して放電し、発光したものです。フィンランドでは、獲物を追い求め走るキツネが尾を振ると、尻尾から火花が飛び散りオーロラになるという言い伝えがあり、古語のキツネ（Repo）と火（Tuli）を組み合わせた「レヴォントゥ（Revontuli）」がオーロラを表します。

オーロラ帯（北緯65〜70度あたり）のほぼ下にあるロヴァニエミやサーリセルカはオーロラ観測のベストスポットと言われています。日照時間が短く晴天率の高い9〜3月の23時〜翌5時頃が観測に最適の時間帯とされますが、曇りや雪、月の明かり、天候状況により左右されます。

冬はマイナス20〜30℃という極寒のなかで観測するため防寒はしっかりと。待機する屋内はあたたかいので、着脱しやすいよう重ね着が基本。速乾と保湿性の高い薄手の洋服を何枚も重ねて空気の層をいくつもつくることで断熱効果を高めるのがポイントです。

©Visit Rovaniemi (Rovaniemi Tourism & Marketing Ltd.)

1.一般的には緑白色。黄色、赤や紫などもあり、赤いオーロラはレア。2.自然がつくり出す造形美、幻想的な樹氷とオーロラ。

4

Suomalainen
muotoilu

フィンランド
デザイン

Suomalainen

フィンランドデザインとは

マリメッコに長年勤めたおばあさんのご自宅。家のなかがフィンランドデザインであふれている。

普遍的な美しさと機能性を、すべての人に。

フィンランドデザインの特徴は、素材をいかしたシンプルさと実用性を持ち合わせ、自然をモチーフにしたものが多いこと。寒い冬を楽しく過ごすためのカラフルな色使いなど、独特の魅力があります。

長きにわたり他国に支配されてきた背景があるゆえ、特権的な階級や極端な格差によって惨めな思いをする国民が生まれることのないよう、みなが平等に高い水準の暮らしを営める国づくりを目指してきたフィンランド。デザインの観点でも、日用品の質を可能な限り高くすることで、誰もが豊かな生活を享受できるよう

に考えられているものが多いと思います。

フィンランドでは、「暮らしをデザインする」という考えがあります。例えば椅子をデザインする時、椅子そのものだけではなく、椅子のある空間を意識し、そのものが置かれる環境や調和を大切に考えます。そして、時代を超えたデザインが一般の家庭にも普及し、何十年も前につくられたものも長く愛されています。おばあちゃんが大切にしていた食器が孫の代にも受け継がれ、その孫が新たに食器を買う時には、おばあちゃんの食器にも合わせて選ぶというように。

muotoilu

自由な発想がデザインシーンを牽引

1940〜1950年代を代表するデザイナーには、カイ・フランク、ティモ・サルパネヴァ、タピオ・ヴィルカラらがいますが、おもしろいのはこの人たちが全員ガラスデザインの正式な教育を受けていないこと。カイ・フランクは家具デザイナー、タピオ・ヴィルカラは彫刻家、ティモ・サルパネヴァはグラフィックデザイナーでした。

カイ・フランクの「カルティオ」。

タピオ・ヴィルカラの「タピオ シェリーグラス」。

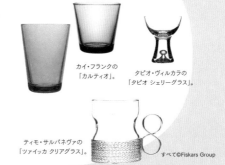

ティモ・サルパネヴァの「ツァイッカ クリアグラス」。

すべて©Fiskars Group

フィンランドのアイデンティティを表現

スウェーデン領時代から薬やお酒を入れるガラス瓶をつくっていたフィンランド。1873年設立のアラビア製陶所、1881年設立のイッタラもロシアなど他国向けにつくっていましたが、1917年の独立で国を挙げて一気に自国のアイデンティティを追求するようになり、1932年にアラビア社には美術部門が開設。また硬い針葉樹を加工する成形合板の技術（P.157参照）を生み出したアアルトのサヴォイ・ベースが1937年のパリ万博に出品され、マリメッコが設立された1951年のミラノ・トリエンナーレでは、カイ・フランクが金賞、タピオ・ヴィルカラが3部門でグランプリを受賞、1957年は賞全体の4分の1をフィンランドが受賞するなど、美しく機能的なフィンランドデザインが国際的に注目を浴びるようになりました。

時間が経っても古さを感じさせない、シンプルでタイムレスなフィンランドデザイン。

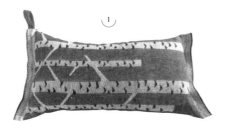

素朴でやさしい
上質なリネンやウール

Lapuan Kankurit

［ラプアン カンクリ］

1.白樺がモチーフのサウナピロー「コイヴ」€29,90。撥水性のいいリネンでプールやピクニックのお供にも。2.ふきんやプレイスマットとしても使えるリネン100%素材の「ヤカラ」€21,90。3.ロングセラー、ウールのポケットショール「マリア」€79,90は日本人に大人気。4.サウナやお風呂で使える髪をカバーするターバン「キヴィ」€39,90と、石鹸を入れ身体を洗うタオル€11,90。

5.家族経営のあたたかな雰囲気がディスプレイからも伝わるヘルシンキの店舗。6.店舗マネージャーのヨハンナさん(左)とスタッフのサリさん。

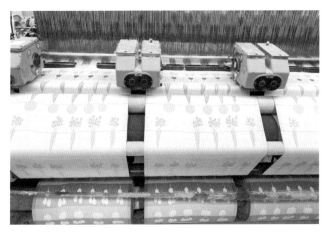

動織機作業のあとは、熟練の職人の手作業によって、ていねいに品質をチェック。

フィ ンランド西部のラプアという小さな町で
1973年に生まれた、フィンランド語で
「ラプアの織り手たち」を意味する、家族経営
のテキスタイルブランド。1999年から4代目の
オーナー夫婦エスコさんとヤーナさんが経営、
商品はすべてラプアで生産しています。

　上質なリネンやウールの素材と、フィンランド
の自然からインスパイアされたデザインのタオ
ルやブランケットはやわらかくて心地よい手触
りが特徴です。若手から有名なデザイナーまで
起用し、さまざまにコラボレーションしたデザ
インで、どれも暮らしに取り入れたくなるアイテ
ムばかり。タオルなどは用途が決まっておらず
自由に使えます。私も長年愛用しているサウナ
シート€16,90やピローは、丈夫で肌馴染みが
良く、サウナのお供に欠かせません。

Shop Info
Katariinankatu 2, 00170 Helsinki (ラプアン・カンク
リ・ストア・アンド・スタジオ)／050 5388 244／www.
lapuankankurit.fi／11:00〜18:00、土曜10:00〜
16:00、日曜休 (12月のみ日曜12:00〜16:00営業)／トラ
ム2・4・5・7番「Senaatintori」より徒歩3分
MAP▶P.9　**B-3**

Lapua Factory Outlet
ラプア・ファクトリー・アウトレット

　セイナヨキの北に隣接するラプア村にある
ファクトリー・アウトレットには、新商品をはじ
め、50％オフで買えるB級品コーナーあり。

Shop Info
Kulttuurikeskus Vanha Paukku,Vanhan
Paukun tie 1,62100 Lapua／050 5275
728／11:00〜18:00、土曜10:00〜15:00、
日曜休 (12月のみ日曜12:00〜16:00営業)／
ヘルシンキ中央駅からラプア駅までインターシ
ティ3時間半 (€19〜)、徒歩5分　MAP外

ラプアの工場にて。仲睦まじ
いオーナー夫婦のエスコさん
とヤーナさん。

幾何学模様の
テキスタイルブランド

Johanna Gullichsen

［ヨハンナ・グリクセン］

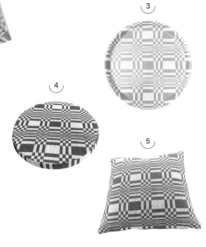

ヘルシンキの約100km北西に位置するソメロで1989年に誕生したブランド。シンプルで独特な力強いパターンと、多彩なカラー展開の上品なデザインが魅力です。1997年の発表以来ロングセラーを誇るノルマンディコレクション（豪華客船ノルマンディ号に由来）のパターンは、ギリシャ神話の神々の名前から名付けられたドリス、ネレウス、ヘリオス、ティトナス、イオスの5つ。二重織りの伝統技法で織られた丈夫な生地を使い、小物をはじめ、浴衣バスローブ、クッションカバーやラグなど商品は多岐にわたります。私は長年テトラハンドバッグやショルダーバッグなどを愛用中。デザイナーのヨハンナさんは、ヘルシンキのショップにいることも多く、気さくに話しかけてくれる素敵な女性です。

Shop Info

Erottajankatu 1, 00130 Helsinki（ヨハンナ・グリクセン・フラッグシップ・ストア）／09 637 917／www.johannagullichsen.com／10:00～18:00、土曜11:00～16:00、日曜休／トラム10番「Kolmikulma」より徒歩1分
MAP ▶ P.9　B-3

◎ラシパラツィ店 MAP ▶ P.8　B-2

1.1960年代の三角パックの飲み物をモチーフにしたコットン製の「ドリス」のテトラバッグ€100。2.100％コットンのリボン・パース「4N」€33はタグが中央に入ったデザイン。3.コーヒーやお菓子をサーブするのにぴったりな「ドリス」の丸いトレイ（ラウンド・トレイS 31cm）€38。4.100％コットンのシートクッション€95は、アルテックのスツール60にもぴったり。5.ノルマンディコレクション「ドリス」のクッションカバー（40×40cm）€75。6.パターンは手織りをしながら考えるという、ヨハンナさん。7.限定商品も取り扱っているヘルシンキのフラッグシップストア。

7

ユニークな反射材プリントのミトン

Moiko

［モイコ］

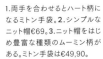

1.両手を合わせるとハート柄に
なるミトン手袋。2.シンプルな
ニット帽€69。3.ニット帽をはじ
め豊富な種類のムーミン柄が
ある。ミトン手袋は€49,90。

ア　アルト大学出身の女性ふたりで2010
　年に立ち上げたブランド。アルゼンチ
ンのメリノウールをイタリアで紡いだ糸、オーガ
ニックコットンなど、良質の天然素材を使った
あたたかな手袋、ニット帽、バッグなどの商品
を展開しています。両手を合わせると絵が完成
するユニークなプリントはリフレクター（反射
材）になっており暗がりでも安心。オンライン
ショップやデパート、デザインショップなどで購
入できます。子ども用商品も充実！

デザイナーのアヌ・サーリさん
（左）とマリ・ヘイノンマキさん。

Shop Info

moiko.fi

◎店舗なし、冬季にポップアップショップ開催あり

エ　ルサ・ヘポラウタが1937年に創業した
　老舗ジュエリーブランド。フィンランド
の自然をモチーフにした独特なデザインには、
国民的叙情詩「カレワラ」の物語などそれぞれ
にストーリーがあります。リサイクルのシルバー
やゴールドなどを素材にヘルシンキの工場でつ
くられており、インパクトのある大ぶりのものか
ら華奢なデザインまでラインナップが豊富。
フィンランド人女性はみな、ひとつは大事に
持っています。

Shop Info

Keskuskatu 1, Helsinki／020 7611 390／www.
kalevalashop.com／10:00～18:00（土曜17:00）、日曜休／
トラム1・2・3・4・5・6・10番「Ylioppilastalo」より徒歩2分
MAP▶P.9　B-3

ラップランド地方の自然を
イメージしたフラッグシッ
プストアの店内。木は本物、
カーペットは苔がモチーフ。

自然をモチーフにしたジュエリー

Kalevala

［カレワラ］

1.シルバーネックレス「カ
イクヤ(Kaikuja)」€980。
2.シルバーの指輪「ツンド
ラ」€210。3.定番デザイン
でおすすめの「スノーフラ
ワーシルバー」€135、長い
タイプは€145。

世界に誇る
ライフスタイル
ブランド

Marimekko

［マリメッコ］

戦後の復興期である1949年、ヴィリヨ・ラティアがヘルシンキにプリンテックスというファブリックのプリント会社を設立。その2年後、妻のアルミ・ラティアが創業したのが「マリメッコ」です。それまでになかった色あざやかで大胆な柄の生地を、有望な若いアーティストたちに依頼。心まで明るくする服や、家のなかも楽しくなるアイテムで、ライフスタイルブランドとして定着しました。シンプルでタイムレスなデザインは、身近な動植物やフィンランドの自然からインスピレーションを得たもの。500以上のデザインを提供したマイヤ・イソラ、日本人の脇阪克二や石本藤雄をはじめ多くのデザイナーを起用し、今や世界40か国以上で展開する国際的なブランドに成長しました。2012年以降フィンエアーの塗装やアメニティグッズにも採用されています。

Shop Info
Pohjoisesplanadi 33, 00100 Helsinki（マリメッコ・エスプラナーディ店）／050 5725 632／www.marimekko.com／10:00～20:00、土曜11:00～18:00、日曜12:00～17:00、無休／トラム2・4・5・7番「Aleksanterinkatu」より徒歩2分
MAP▶P.9 **B-3**

1.定番の赤いウニッコ（ケシの花がモチーフ）柄のマグカップ€23。2.女性ガラス作家、カリーナ・セス-アンダーソンによるやさしいピンク色のフラワーベース€52。3.シイルトラプータルハ（Siirtolapuutarha＝市民菜園）柄の深皿€32。4.レトロな花柄のモチーフがかわいいケスティット（Kestit）柄のお皿€23。5.いろいろ使える横長がま口ポーチ€18。6.使い込まれたラグを意味するラシィマット（Räsymatto）柄のポットホルダー€13。7.イチオシのロッタ・マイヤデザインのヘルバーリオ（Herbaario）柄シルクドレス€350。8.飽きの来ない定番のボーダーTシャツ€70。9.人気のウニッコ柄の靴下€20。10.大人気のカジュアルライン「マリメッコ キオスキ」から、ウニッコのTシャツ€110。11.ラシィマット柄のロングTシャツ€145。12.キャンペーン期間中のみ一定購入額でもらえるマリメッコのロゴバッグ（非売品）。

ヘルシンキの旗艦店、エスプラナーディ店。

Marimekko Herttoniemi

マリメッコ本社

布や小物がお買い得、社員食堂でランチ

　中央駅からメトロで約15分のヘルットニエミにあるマリメッコ本社には、お得なアウトレットショップと最新アイテムが揃うヘルットニエミ・プライム店が入っています。アウトレットショップでは、端切れや布、小物、洋服など種類豊富。ヘルットニエミ・プライム店の隣にある社員食堂（maritori＝マリトリ）は一般客も利用でき、マリメッコグッズに囲まれながらボリュームたっぷりのランチをいただけます。ウェブサイトから1週間分のメニューを確認できます。

あたたかい料理、スープ、サラダ、パン、デザート、コーヒーまたは紅茶€14,30と、あたたかい料理がつかない€12,30の2種類がある。

Shop Info

Kirvesmiehenkatu 7, 00880 Helsinki（マリメッコ本社）09 758 7646（ヘルットニエミ・プライム店）／09 758 7244（アウトレット）／ www.maritori.com（社員食堂）／ 10:00～18:00（土曜16:00）、日曜12:00～16:00、無休／社員食堂=10:30～14:00、土・日曜休／メトロ「Herttoniemi」駅より徒歩13分
MAP ▶ P.7　A-4

暮らしを彩る
ガラスと陶器

Iittala / Arabia

［イッタラ／アラビア］

| 1 | 2 | 3 | 4 |
| 5 | 6 | 7 | 8 |

1.アルヴァ・アアルトの代表作「ベース」(16cm)€169。2.ラップランドの氷が融ける様子にインスピレーションを得たという、タピオ・ヴィルカラの「ウルティマ・ツーレ」グラス2個で€44,90。3.1953〜1974年の陶器「キルタ」が、1981年に磁器として復刻した「ティーマ」のボウル€19,90とプレート€15,90。4.アルフレッド・ハベリによる、中心を意味する「オリゴ」のマグカップ(250㎖)€20,90。5.マリメッコとの共同制作による「マリボウル」(15.5cm)€64,90は11色展開。6.かわいらしいフォルムのオイヴァ・トイッカによる「ルビーバード」(21×13cm)€359。7.ヘイッキ・オルヴォラによるキャンドルホルダー「キビ」(6cm)€19,90は13色展開。8.オイヴァ・トイッカによるミニサイズ「フクロウ」(45×65㎜)€199〜は表情豊か。

職人たちがひとつずつ手づくりするイッタラ村のガラス工場。

フィンランドを代表するテーブルウェア・ブランド「イッタラ」は、1881年にイッタラ村（現ハメーンリンナ市）にある小さなガラス工場ではじまりました。生活のなかに溶け込み、使いやすさにこだわり、シンプルでモダン、機能的なデザインを追求した製品は世界じゅうで愛され、アイノ・アアルトのグラスシリーズや、オリゴ、ティーマなど日本でも人気です。

陶磁器メーカー「アラビア」は、1873年の設立当初はスウェーデンの「ロールストランド」の子会社としてヘルシンキ郊外のアラビア通りにつくられた工場から創業し1916年に独立。「美しい日常（Vackrare Vardagsvara）」をコンセプトに掲げ、1930年代にはヨーロッパ最大の工場となりました。シンプルなものから装飾的なものまで幅広いラインナップを展開し、「パラティッシ」や「24h」シリーズなどで知られます。1990年にイッタラ・グループのブランドへ、そして2007年に両社はフィスカルス社（P.96参照）の傘下となりました。

1	2	3
4	5	6

1.ビルガー・カイピアイネンによる、楽園の意味の「パラティッシ」のプレート（26cm）€44,90。2.クラウス・ハーパニエミによる、魔法を意味する「タイカ」シリーズのプレート（20cm）€29,90。3.映画「かもめ食堂」で人気になった「24h」シリーズから生まれた「トゥオキオ」プレート（26cm）€26,90。4.カイピアイネンによる、日曜日の意味の「スンヌンタイ」のソーサー€22,90とカップ€19,90。5.1950年代から続くムーミンのマグカップシリーズ€22,90〜。デザインはカイ・フランク。写真は「ラブ（Rakkaus）」。6.2018年から加わった、ムーミンハウスのピッチャー€54,90。

アラビア工場の跡地は「イッタラ・アラビア・デザイン・センター」になっている（工場は海外へ移転）。

1

2

3

4

5

Iittala & Arabia Design Centre

イッタラ・アラビア・デザイン・センター

イッタラ＆アラビア好きはぜひ

　ヘルシンキ市のアラビアンランタ地区のアラビア製陶所の工場跡地に2016年にオープンした複合施設（P.153右下写真）。8階はデザインミュージアム（無料）とエキシビション、1階はイッタラ・アラビア、フィンレイソン、ペンティックなどのショップのほか、郵便局、ボールチェアもあるアラビアンランタ図書館やカフェも併設されています。

Shop Info

Hämeentie 135 A, 00560 Helsinki／www.designcentrehelsinki.com／020 4393 507／ミュージアム＝11:00〜17:00、土曜10:00〜16:00、日曜12:00〜16:00、月曜休／ショップ＝10:00〜19:00（土曜16:00）、日曜12:00〜16:00、無休／トラム6・8番「Arabiankatu」駅より徒歩2分
MAP▶P.7　A-3

1.年代ごとに並べられたアラビアとイッタラの歴代商品の数々は壮観！2.1階にあるフィスカルス社のエキシビション。3.1階のイッタラ・アラビア・ストア。アウトレットではないので注意（季節により店内セールあり）。4.ストアではビンテージ品も充実している。5.1階のカフェランチは量り売りのサラダとスープがおいしい。

Iittala Arabia Store Esplanadi

イッタラ・アラビア・ストア・エスプラナーディ

ヘルシンキの旗艦店をチェック！

　エスプラナーディ通りにある旗艦店。アラビア・ショップとイッタラ・ショップは隣り合っており、店内でつながっています。新商品や季節限定のカラー、バードコレクション、ビンテージコーナー、人気のムーミンマグはもっとも充実した品揃え。

1.インテリアの参考にもなりそうなイッタラの店内。2.アラビアの店内。ムーミングッズも多い。

Shop Info

Pohjoisesplanadi 23, 00100 Helsinki／www.iittala.com／020 4393 501／10:00〜19:00（土曜17:00）、日曜12:00〜16:00、無休／トラム2・4・5・7番「Senaatintori」より徒歩3分
MAP▶P.9　B-3

Iittala Village

イッタラ・ビレッジ

イッタラ工場見学とアウトレットへ！

　ヘルシンキから日帰りできる、ハメーンリンナ市の
イッタラ村にあるラシマキには、イッタラのミュー
ジアム、工場（P.152右下写真）やアウトレットがあ
ります（事前予約制のガイドツアーもあり）。アウ
トレットはかなりお得で、ビンテージ品も豊富なの
で、ファンは見逃せません。

Shop Info

Könnölänmäentie 2 a、14500 Iittala／020 4393 512（イッ
タラ・アウトレット）／020 4396 230（デザイン・ミュージアム・
イッタラ）／iittalavillage.fi／デザイン・ミュージアム＝6〜8月：
11:00〜17:00、月曜休／9〜5月：土・日曜11:00〜17:00のみ営
業／一般：€5、12〜18歳：€3、12歳以下：無料／アウトレット＝
10:00〜18:00、無休／ヘルシンキ中央駅からイッタラ（Iittala）
駅まで近郊列車R線で1時間40分（€13,50）、徒歩11分　　MAP外

1.広々としたアウトレットは、新商品も多数並ぶ。フィスカルス商
品も。2.イッタラガラス工場は見学も可能（要予約）。3.1793
年創業のヌータヤルヴィ（1988年にイッタラと合併）の作品も
展示するミュージアム。

Kaj Frank

カイ・フランク
（1911-1989）

1945年にアラビア、1946年からイッ
タラ、1950年からヌータヤルヴィ社の
デザインに携わる。シンプルで機能的
なフォルムを追求した彼の代表作は
ティーマ、タンブラー、カルティオなど。

Oiva Toikka

オイヴァ・トイッカ
（1931-2019）

ガラスデザイナーでありながらオペラ
などの舞台演出、ファッションデザイ
ンなど幅広い分野に関わる。代表作
はバード バイ トイッカ、カステルヘル
ミ、フルッタなど。

Alfredo Haberli

アルフレッド・
ハベリ
（1964-）

スイスとアルゼンチンの国籍を持ち、ア
リアス、ルーチェプラン、スキッフィーニ、
BMW、ボルボなどでも活躍するデザ
イナー。イッタラの代表作はエッセンス
（ワイングラス）、オリゴなど。

イッタラ＆アラビアの有名デザイナーたち

写真すべて© Fiskars Group

Tapio Wirkkala

タピオ・
ヴィルカラ
（1915-1985）

1946年よりイッタラのデザイナー
に。1951〜1954年のミラノ・トリエ
ンナーレ3部門でグランプリを受賞。
フィンランドの自然をモチーフにした
作品で知られ、ウルティマ・ツーレ・シ
リーズやタピオ・シリーズを発表。

Heikki Orvola

ヘイッキ・
オルヴォラ
（1943-）

イッタラでガラス、アラビア＆ロールス
ランドで陶器、マリメッコで鋳鉄、エナ
メル、織物に携わる。代表作はイッタ
ラのキビ、アラビアの24hシリーズ、カ
ランボラ（ベース）など。2002年「カイ・
フランクデザイン賞」受賞。

Birger Kaipiainen

ビルガー・
カイピアイネン
（1919-1988）

フィンランド・デザインの黄金期と言
われる1950年代の中心にいたアー
ティスト。1937〜1954年にアラビア、
1954〜1988年にロールストランドで
制作。代表作はパラティッシ、スンヌン
タイ、フローラなど。

フィンランド最古の
テキスタイルブランド

Finlayson

［フィンレイソン］

1 820年創業のフィンランドを代表する老舗ブランド。イギリス・スコットランド出身のジェームス・フィンレイソンがロシア統治下のタンペレ（P.116）で紡績工場を設立したのがはじまり。敷地内には町ができ、タンペレはフィンランド最大の工業都市に。単なる一企業ではなく、国の発展に貢献してきました。質が良く手頃な価格で、フィンランドのどの家庭でも見られるほど愛用されています。しっかりした生地は長持ちし、かわいいモチーフと元気の出る明るい色使いで毎日使いたくなるタオルや寝具などの生活アイテムが充実。人気のゾウ柄「エレファンティ」や幾何学パターンの「コロナ」、リンゴ柄の「オンップ」やムーミンなどデザインもさまざま。ストックマンデパートなどでも取り扱いがあります。

定番や新作をはじめ、店内奥にはアウトレットやアパレル商品まで豊富に揃う。

Shop Info

Hämeentie135A, 00560 Helsinki（フィンレイソン・アラビア店）／040 6724 796／www.finlayson.fi ／10:00〜19:00（土曜16:00）、日曜12:00〜16:00、無休／トラム6・8番「Arabiankatu」駅より徒歩2分

MAP ▶ P.7　A-3

1.カラフルなエレファンティ柄のクッションカバー€17,95。2.ムーミンハンドタオル€11,95。かさばらずおみやげにもおすすめ。3.フィンランド語で「白樺の種類」を意味するヴィサ柄の布バッグ€12,95。

店員のミルッカさん（左）とハンネレさん。エプロンは「アヤトス」柄。

すべての人の暮らしに
良いデザインを

Artek

［アルテック］

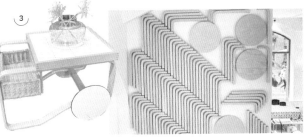

ルヴァ・アアルト（P.134）夫妻と、アートコレクターのマイレ・グリクセン、美術史家のニルス＝グスタフ・ハールの4人が、家具を販売するだけではなく展示会や啓蒙活動によってモダニズム文化を促進することを目的に、1935年にヘルシンキで設立したインテリアブランド。社名は「アート」と「テクノロジー」を掛け合わせた造語。家具を大量生産するため、合理的な家具部分のスタンダード化と新たな技術が必要と考えたアアルトは、フィンランド国内の自然素材を用いた曲げ木の技術「L-レッグ」を開発。強固な無垢材を直角に曲げる技術は1933年に特許を取得。フィンランドが家具で名を馳せるきっかけになりました。2006年日本に上陸、2013年にスイスの家具メーカー、ヴィトラ社と合併しました。

1.1936年に考案された「A330Sペンダント ゴールデンベル」。2.アアルトが1933年にデザインした、アルテックを象徴する「スツール60」。3.「ラメラ曲げ木」技法によりつくられた、アアルト・デザインの「901ティートロリー」。4.丈夫なバーチ材のフレームとリネンのウェビングテープによって形づくられた「611チェア」。5.セカンド・サイクルの店内は、まるで家具の博物館！

Shop Info

www.artek.fi／ヘルシンキの旗艦店はP.39参照

Artek 2nd Cycle

アルテック・セカンド・サイクル

国内外からバイヤーや
家具好きが集まる

フリーマーケット、古い工場、学校などから使い古された家具を買い取りリメイクしたものを再び販売。アアルトをはじめ、イルマリ・タピオヴァーラなどのレアなビンテージ家具が集まります。奥はイルマリのコレクションが見られるギャラリー。

Shop Info

Pieni Roobertinkatu 4-6, 00130 Helsinki／010 6173 467／www.artek.fi/2ndcycle／11:00〜18:00（土曜15:00）、日〜水曜休／トラム10番「Johanneksenkirkko」より徒歩4分

MAP ▶ P.9 C-3

1.シンプルな服装に合わせると装いがフィンランドらしくなる、丸みを帯びた「カルパロ」ピアス€19。2.パウリーナ・アーリッカのデザインによるキャンドルホルダー「プリンセス」€38。色展開も豊富。3.トントゥがフィンランド国旗を持っている置物€33。ミニサイズでおみやげにも◎。

白樺香るほっこりアイテム

Aarikka

［アーリッカ］

カ イヤ・アーリッカが卒業制作でつくった木のボタンをきっかけに1954年に創業した、環境に配慮した自然素材を使ったアクセサリーや雑貨のライフスタイルブランド。フィンランドの白樺、松などを用い、丸い形にこだわったモダンなデザインとあざやかな色彩で多くの人々に支持されています。社会的な雇用の創出も使命の一部とし、一部商品は障がい者福祉施設などで組み立てています。

Shop Info
Pohjoisesplanadi 27, 00100 Helsinki／044 4220 204／www.aarikka.fi／11:00～18:00、土曜10:00～16:00、日曜休／トラム2・4・5・7「Aleksanterinkatu」より徒歩2分

MAP ▶ P.9 **B-3**

1 971年アーティストのアヌ・ペンティックが創業したライフスタイルブランド。ラップランド地方ポシオ地区で陶器や革製品を扱う小さな店からスタートし、2023年現在国内に約47店舗を展開。セラミックやレザークラフト、テーブルウェアをはじめ、テキスタイルや装飾雑貨など暮らしに関わるアイテムを幅広く取り扱っています。原点のセラミック製品は今もポシオの自社工場で製造しています。

Shop Info
Hämeentie 135 A, 00560 Helsinki（ペンティック・アラビア店）／www.pentik.com／040 3496 424／10:00～19:00（土曜16:00）、日曜12:00～16:00、無休／トラム6・8番「Arabiankatu」駅より徒歩2分

MAP ▶ P.7 **A-3**

自然界に生きる動植物の強さを、北欧らしい色使いで表現したモチーフが多いペンティックは、国民的ブランド。

ポシオ生まれのライフスタイル雑貨

Pentik

［ペンティック］

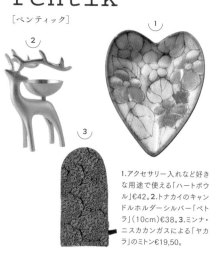

1.アクセサリー入れなど好きな用途で使える「ハートボウル」€42。2.トナカイのキャンドルホルダーシルバー「ペトラ」（10cm）€38。3.ミンナ・ニスカカンガスによる「ヤカラ」のミトン€19,50。

暮らしに溶け込む
素敵なデザイン

アカデミア書店（P.34）の入り口の床に見られる、遊び心あふれる足跡のデザイン。

デザイン大国フィンランドでは、街にも素敵なデザインがあふれています。公共交通機関は機能的かつ気持ちも明るくなるデザイン、スーパーマーケットのなかは見ているだけで元気になるようなカラフルなパッケージがいっぱいです。空港やカフェ、図書館など誰でも利用できる場所に、人気のチェアなどが使われていたりもします。街を歩きながらいろいろ探してみてくださいね！

アカデミア書店1階のスターバックスでは、アルテック社の「ドムスラウンジチェア」（イルマリ・タピオヴァーラによるデザイン）を使用している。

上／ヘルシンキ市内を走るマリメッコのウニッコ柄トラム。右／水しぶきのモチーフは、ヘルシンキ市のマンホールのなかのパイプを管理する会社HSYのロゴ。

スーパーなどではパッケージデザインにも注目。写真はヨーグルト「フゥヴィン（Hyvin）」。

左／郵便ポストはオレンジ色。「posti」は郵便や郵便局の意味。右／切手はフィンランドの自然などのデザインが多い。季節イベントごとに新作が出る。

道端でよく見かける、車の侵入を防ぐカメの置き物。写真は動物園の方角も示している。

Metro
メトロ

1982年開通の世界最北の地下鉄。ヘルシンキ市と西隣のエスポー市を結んでいる。2017年に開通した8駅は、駅ごとにテーマがあり設計デザインも異なる。2022年12月、エスポー市にさらに新しく5駅が開通した。

左／車体と同じく車内もオレンジ色に統一。硬いプラスチック素材の4人がけの対面椅子。ベンチはアンティ・ヌルメスニエミ（コーヒーポットのデザインでも有名）。右／ハカニエミ駅のプラットフォームのイラストには「うどん」の文字も。

1.水・氷・雪をコンセプトにした「ラウッタサーリ駅」。100個以上のスイングライトは氷が溶けて滴る水を表現。デザイン：ヘリン・アンド・コーアーキテクツ。2.車椅子、ベビーカー、自転車、犬同伴の専用乗車口もあり、機能的な車体。車両デザインはボルイェ・ラヤリン。3.エスポー近代美術館（Emma）の最寄りの「タピオラ駅」。大きな女の子は「エマちゃん」。プラットフォームの天井の108個の白いランプはエコー遮音壁効果と火災時のスプリンクラー、うち16個にはスピーカーを完備。デザイン：APRTアーキテクツ

Juna
鉄道

フィンランドの鉄道はフィンランド国鉄（VR）のみ。路線により車両デザインが異なる。

1.オンラインで発注した商品を受け取れるロッカーを完備。2.オレンジ色のポストからハガキを出すと、特別なスタンプが押される。3.ムーミンの新作切手も。

Posti Postitalo
郵便局

ヘルシンキ中央駅向かいのヘルシンキ中央郵便局は、リニューアルを経て2021年11月に再オープン。種類豊富な切手やハガキなども取り扱う。日本へ荷物を発送したい場合も利用可能。設置されている"リサイクル"のダンボールは自由に使用できる。

MAP ▶ P 8　B-2

1.長距離列車のエクストラ（1等車）車両は2019年より背もたれに木が使用されている。2.長距離列車の車体には、国鳥のオオハクチョウが描かれている。

Passi

パスポート

現行のものは2016年の旅行フェアにて国民の投票により選ばれ、2017年より採用されたデザイン。

ページの背景にフィンランドの四季折々の自然の風景が描かれ、各ページ左右下に描かれた白鳥（国鳥）と希少動物のクロヅル（クルキ）は、ページをめくると大空に羽ばたくパラパラマンガになっている。

Arkkitehtuuri

建築 in ヘルシンキ周辺

ヘルシンキにはスウェーデン時代、ロシア時代、独立後と、さまざまな様式の建築が見られる。様式の変化をたどってみるのもおすすめ。1930年頃からフィンランドのモダニズムを開花させたアルヴァ・アアルトが代表する［北欧モダニズム］はP.136参照。また、近年ではALAアーキテクツ（P.30）、JKMMアーキテクツ（P.24、33）、K2Sアーキテクツ（P.23）などが次々と新たな建築物を生み出し、街を彩っている。

1.ヘルシンキに現存する最古の教会「オールドチャーチ」（1826年完成）。MAP▶P.8 B-2 ［帝政様式］でヘルシンキ大聖堂の建設期間32年の間の代替施設として建てられ、今では結婚式場としても人気。設計はカール・ルドヴィク・エンゲル。

2.フィンランドの自国らしさを表現した［ナショナル・ロマンティシズム］の「フィンランド国立博物館」（1916年完成）。MAP▶P.8 A-2 熊の像にはフィンランドの花崗岩を使用。設計はヘルシンキ中央駅を設計したエリエル・サーリネンら。

3.独立後に自国の花崗岩を使い、神殿を思わせる14本の円柱を持つ［古典主義様式］の「国会議事堂」（1931年完成）はJ.S.シレーンの設計。MAP▶P.8 A-2 2017年にヘリン・アンド・コー・アーキテクツにより改築。

4.2020年8月にK2SとNRTによる改築を終え再オープンした「ヘルシンキ・オリンピック・スタジアム」（1938年）は［機能主義］。高さ72mのタワーがあり、ヘルシンキ市街を一望できる観光スポット。MAP▶P.6 B-2

5.旧ソ連とアメリカが宇宙開発にしのぎを削ったスペースエイジに、マッティ・スーロネンが設計したUFO型レジャーハウス「フトゥロ（Futuro）」（1968年）。現在生産されていないが、エスポー市のWeeGeeで夏季のみ見学可能。

6.「ミュージックセンター」（2011年）はトゥルクに拠点を置くLPRアーキテクツによる設計。MAP▶P.8 A-2

フィンランド の スイーツレシピ

フィンランドの味を日本でも！ここでは、フィンランド人のコーヒーのお供に欠かせないおやつ、
私がいつもつくるブルーベリーパイの簡単レシピと、シナモンロールの伝統レシピをご紹介します！

簡単！ブルーベリーパイ
—
Mustikkapiirakka

ムスティッカピーラッカ

夏は摘みたてを、冬は冷凍を使い、一年を通して焼くパイ。
ひと晩おくとしっとりと味に深みが出ておいしいですが、
焼きたてのあつあつにバニラソースまたは、バニラアイスク
リームを添えて食べるのがおすすめ。

材料（直径22cmの焼型1台分）

A. 生地
バター…80g（溶かしておく）
砂糖…65g
卵…1個
小麦粉…105g
バニラシュガー…小さじ1
（またはバニラエッセンス1〜2滴）
ベーキングパウダー…小さじ1
ブルーベリー…200g（冷凍でも可）

B. フィリング
バター…50g（溶かしておく）
砂糖…40g
小麦粉…70g

つくり方

1. **A**のバターを電子レンジで溶かし、砂糖を加えて白っぽくなる
まで混ぜる。

2. 溶き卵、ふるっておいた小麦粉、バニラシュガー、ベーキングパ
ウダーを入れよく混ぜる。オーブンを200℃まで予熱しておく。

3. 焼き皿にバター（分量外）を薄く塗り、**2**の生地を焼型に流し
入れ、その上にブルーベリーをたっぷりのせる。

4. **B**のバターを電子レンジで溶かし、砂糖を加えてよく混ぜ、さ
らに小麦粉を加えて混ぜ合わせる。

5. **4**を手で小さくちぎりながらブルー
ベリーの上にのせて(a)、200℃に
予熱したオーブンで約30分焼く。
パイ生地にこんがりと焼き色がつ
けばできあがり。

好みでバニラソースや、バニラ
アイスクリームを添えてどうぞ。

伝統的なシナモンロール

Korvapuusti

コルヴァプースティ

プッラ（甘い菓子パン）の代表格でもあるシ
ナモンロールは、シナモンとカルダモンのス
パイスがたっぷりときいています。ここでは伝
統的なレシピをご紹介！

材料（約10個分）

A. 生地
ドライイースト…5g
牛乳…150cc
卵…1/2個
砂糖…40g
塩…小さじ1/2
カルダモン粒状
（パウダーでもOK）…小さじ1
小麦粉…300g
バター…60g（溶かしておく）
卵…1個（焼く前に生地に塗る用）
パールシュガー（飾り用・お好み）

B. フィリング
バター…30g（室温に戻しておく）
砂糖…20g
シナモンパウダー…大さじ1/2

つくり方

1. 人肌にあたためた牛乳とドライイーストを、だまにならないようによく混ぜ合わせる。

2. 卵、砂糖、塩、カルダモンを1に混ぜ合わせる。

3. 1に小麦粉を少しずつ加えてすべて混ぜ合わせたら、**A**の電子レンジで溶かしたバターを加え、手でよくこねる。

4. ボウルに濡れタオルをかけてあたたかい場所で生地が倍にふくらむまで約45分～1時間待つ（1次発酵）(a)。

5. 作業台に小麦粉（分量外）を軽く敷いて2倍に膨らんだ生地を出し、めん棒で長方形（約40×60㎝サイズ）に伸ばす。

6. 伸ばした生地に**B**の室温に戻したバターをナイフで塗り、その上にシナモンパウダーと砂糖を均一に振りかける。

7. 生地を手前からつめに巻き、巻き終わりを下にしたら(b)、台形になるように「ハ」の字にカットする。

8. 台形の辺の短い面を上にして置き、親指でぎゅっと生地が下につくまで押し潰す(c)。

9. 生地をクッキングシートを敷いた天板に並べ、濡れタオルをかぶせて生地が倍にふくらむまで待つ（2次発酵）(d)。その間にオーブンを225℃まで予熱しておく。

10. 2次発酵ができたら、溶き卵をハケで表面に塗り、好みでパールシュガーを飾る(e)。

11. 225℃に予熱したオーブンで10分ほど焼く。

12. きれいな焼き色になったら完成。

フィンランド旅のヒント

HSLの券売機。バス、トラム、近郊列車、メトロ、HSLフェリーはすべて同一チケットとなる。

日本からフィンランドへ

日本からフィンランドへは2023年3月現在、羽田（毎日）、成田（週4日）、関西国際空港（週3日）からフィンランドで唯一の国際空港であるヘルシンキ・ヴァンター国際空港まで、フィンエアーとJALが直行便を運航。所要13時間半〜で到着します。

1階到着ロビーには、24時間営業のスーパーマーケット「アレパ（Alepa）」や両替所、観光案内所などがあります。www.finnair.com　www.jal.co.jp

左／2021年12月新たに生まれ変わったヘルシンキ・ヴァンター国際空港の2階出発フロア。空港周辺の工事はまだ続く。右／フィンエアーでは機内で使われる紙コップや紙ナプキンもマリメッコ。

空港からヘルシンキ市内へ

ヘルシンキ・ヴァンター国際空港から、南へ約20kmに位置する市内へのアクセス手段は、鉄道のリング・レール・ラインIまたはP線（片道€4,10、ゾーンABC、30分）、市バス600番（€4,10、1時間）、タクシー（€40、約30〜40分）があります。空港の鉄道駅は地下深くにあり、長いエスカレーターまたは混雑するエレベーターに乗ることになります。また、大きなスーツケースを持ってエスカレーターを利用することは、安全面から禁止されているのでご注意を。市バスのほうが手軽に利用できるのでおすすめです。

左／リング・レール・ライン。右／市内までは市バス600番が便利。

ヘルシンキ市内の移動

主要な観光スポットは、徒歩で十分まわれますが、シベリウス公園など少し離れた場所に行く時はトラム（路面電車）が便利です。ヘルシンキ市内の公共交通機関はヘルシンキ市交通局（HSL）が運営しており、チケットはメトロ（地下鉄）、トラム、市バス、公共フェリーすべて共通で、A〜Dのゾーン制。

HSLのゾーン。空港はゾーンC。

シングルチケット（Single Ticket）と1〜13日券の13種類のデイチケット（Day Ticket）があり、ヘルシンキ中心部の移動はABチケット（シングルチケット＝80分有効、€3,10／デイチケット＝1日券€9、2日券€13,50、3日券€18）を、空港へはABCチケット（90分有効、€4,10／1日券€11、2日券€16,50、3日券€22）が必要です（ヘルシンキ中心部はゾーンAですがAだけのチケットはありません）。

いずれも乗車前に駅の券売機、Rキオスキ（コンビニ）、中央駅のHSL窓口、またはスマホアプリ（スマホのApp StoreまたはGoogle Playで、アプリ「HSL Mobiililippu」をダウンロード）で購入を。アプリは目的地のルートや路線も検索できて便利です。バス、トラムともに車内ではチケットを購入できないため、乗車前に購入が必要です。乗車時はいずれも改札はなく、チケットをトラムやバスの車内、メトロの駅にあるカードリーダーにかざして緑のランプが点灯した時点から有効。モバイルチケットは乗車時にドライバーにスマホ画面を見せるだけでOKです。www.hsl.fi

上／市内散策に便利なトラム。中／東西に1本運行しているメトロ。下／中心部から離れた場所へ行く時に便利なバス。

左上／80分有効のシングルチケット。左下／1〜13日券から選べるデイチケット。中／いちばんのおすすめは、スマホでアプリをDLするモバイルチケット。右／バスやトラムの入り口に設置されているカードリーダー。

知っておきたいこと

・駅名や行き先などは、フィンランド語とスウェーデン語で表示されています（上下で表示の場合は上、左右の場合は左がフィンランド語）。

・メトロ、トラム、バスでは時々検札係が巡回します。その際有効なチケットを持っていないと、パスポートなどのIDを見せ、罰金€80＋運賃を支払わなければいけません。常にパスポートを携帯するようにしましょう。

・乗車口はベビーカーと車椅子が優先なので、ドア付近に立ったり、スーツケースをおいて塞がないように注意。

・7歳以下は無料。またベビーカー（0〜6歳）を押している人（年齢不問）ひとり分は運賃が無料になります。

ヘルシンキカード

ヘルシンキカードは
使用開始時刻に注意！

ヘルシンキ市内の公共交通機関（ゾーンAとBが対象）が乗り放題になり、ヘルシンキの美術館や主な観光スポットが無料または割引、一部のショップやレストラン、サウナなども割引に。さらにバスやフェリーでの観光ツアーが無料になるなど、ヘルシンキを楽しむのに便利なパス。ヘルシンキ・ヴァンター国際空港、フェリーターミナル、主要駅やホテルで購入可能（HSLの案内所や、Rキオスキでは販売していません）。

1日券（24時間）＝大人€54、7〜16歳€27／2日券（48時間）＝€66、€33／3日券（72時間）＝€78、€39（ほかに、交通機関を含まないものや、空港までのアクセスを含むABCゾーン対象のものもあり）。カードリーダーにかざした時点から開始になるので、美術館や博物館が休館の多い月曜を含む場合は注意しましょう。www.stromma.com/helsinki

タクシー

主要駅のヘルシンキ中央駅前やカンピなどにあるタクシー乗り場から乗車します。ホテルのフロントから手配してもらった際は予約番号を教えてくれるので、乗車の際にドライバーに伝えて乗車します。道では簡単に拾えません。タクシーヘルシンキ（Taksi Helsinki）＝白か黒、フィックスタクシー（FixuTaxi）＝白に後方に黄色い「V」の帯、ラヒタクシー（Lähitaksi）＝黒がおすすめ。すべて車体の上には黄色のサインが付いています。料金はメーター制ですが、心配な方は、乗車の際に目的地までの目安の料金をドライバーに確認してから乗ると安心でしょう。

黒い車体の
タクシーヘルシンキ。

ヘルシンキ郊外へは国鉄（VR）で

ヘルシンキから郊外への移動は、ヘルシンキ中央駅からVR（フィンランド国鉄）のインターシティ（中長距離列車）を利用します。チケットは駅にある緑色の券売機（クレジットカードのみ対応）やVRのウェブサイト（www.vr.fi）、またはスマホのアプリ「VR Matkalla」をダウンロードしてオンラインで購入可能（メールでQRコード入りのチケットが送られてくる）。駅の窓口もありますが並ぶことも多いのでおすすめしません。

改札などはなく、乗車後車内で車掌がチケットの確認に来ます。車両は一般席のほか、＋€5〜でゆったりした革張りのエクストラ（ドリンクのセルフサービスカウンターもある2階席）も。食堂車（Ravintolavaunu）は、1階は無料で利用可能、2階席は＋€4〜で目的地まで飲食しながら座れます。子どもが遊べる遊具付き車両、ペット同伴車両や、2名席・4名席・ファミリー用の個室など、多様な車両や席があります。

上／連結する車両の組み合わせがいろいろあるインターシティ。左／無料で使用できる食堂車。一般席に車内販売のカートも来る。右／滑り台などの遊具も完備した、子連れ用車両。

電圧とプラグ

電圧は220／230Vで周波数は、50Hz。日本国内用の電化製品（100V）をフィンランドで使う場合は、変圧器が必要。ただし、パソコンや携帯電話、デジタルカメラの充電器などのアダプターに「INPUT: 100〜240V」と書かれていればグローバル対応なので変圧器は不要です。プラグは丸2ピンのCタイプ。

Cタイプのプラグは現地では入手しにくいので日本で準備を。

水

フィンランドの水道水は飲んでも大丈夫です。ペットボトルの水を買うよりも水道水のほうがおいしいと言われているほど。とても贅沢なことに、水道の蛇口をひねると、キンキンに冷えた水を飲むことができます。ホテルの部屋の洗面所の水道水も飲めます。気になる方はミネラルウォーターを買いましょう。無炭酸（Lähdevesi＝天然水／Hiilihapoton＝Hiilihapo炭酸＋tonなしの接尾語）はスーパーマーケットやRキオスキなどで、€2（500ml）程度で購入可能。炭酸入り（Hiilihapollinen）が多いので、買う前にボトルをよく確認しましょう。

「Lähdevesi」は炭酸なしの水。

トイレ事情

公共交通機関や観光施設の公衆トイレのほとんどが有料で料金の目安は€0,50〜€2程度。飲食店の場合は、暗証番号がレシートなどに記載されている場合もありその場合は無料で使えます。比較的きれいに掃除されている、カフェやレストラン、美術館やデパートのトイレを使用するのが良いでしょう。女性用はナイセットNaiset（N）、男性用はミエヘットMiehet（M）。近年建てられる公共施設の建物ではジェンダーフリーの観点から男女共用のトイレが主流で、個室になっており、手洗い場も個室内についているところがほとんどです。

オーディ・ヘルシンキ中央図書館（P.30）のトイレ。個室は人が入ると陰が見えるが、便座に座ると人影が消える。

Wi-Fi事情

Wi-Fiの普及率は高く、ホテルでは無料で使用可能（要パスワード）で、空港やレストラン、鉄道駅など公共の場、飲食店でも使用できる場所が多いです（飲食店などではパスワードはスタッフに聞いてみましょう）。

クレジットカード

フィンランドはカード社会なのでクレジットカードがあると便利。主流はVISAとMasterCard。盗難や紛失、カードが読み取れないトラブルに備えて2〜3枚のクレジットカードがあると安心です。AmexやJCBはあまり一般的ではなく使用できない場所もあるのでおすすめしません。ICチップ付きのカード支払い時は、サインではなく暗証番号を求められるので、事前に確認しておきましょう。

現金

通貨はEU統一通貨のユーロ（€）とセント（Cent）。€1＝約143円（2023年3月現在）。硬貨は5、10、20、50Cent、1、2€。紙幣は5、10、20、50、100、200、500€。公共のトイレ、フリーマーケットなどの支払いで多少の現金は持っていたほうが安心ですが、基本的には少額でもカードで支払えます。

両替とATM

日本円からユーロへの両替はヘルシンキ・ヴァンター国際空港やヘルシンキ中央駅構内にあるForex Bank、またはカンピ・ショッピングセンター1階にあるChangeGroupという両替所でできますが、時間の節約のためにも日本で両替を済ませておくことをおすすめします。ATM（Otto、Nosto）は、市内の銀行やショッピングセンター、スーパーマーケットなど、多くの場所にあります。キャッシング可能なカードを持っていると、現金が必要となった時に便利です。

左／土日曜も営業しているフォレックス・バンク（中央駅構内）。右／街なかでよく見かけるオットのATM。Plusマーク付きのクレジットカードなら現金が引き出せる。

チップ

ホテルやレストランなどでは、料金にサービス料が含まれているのでチップは不要。レストランによっては稀にカード払いの際にチップを足せるシステムになっており、チップを払いたい場合は、合計金額のところにチップ分を上乗せした最終金額を記入します。切りの良い数字に繰り上げる程度が一般的で、支払わなくても問題ありません。

治安

治安は良く、基本的に女性ひとりでも安心して街歩きできますが、油断は禁物。観光客を狙ったスリが多く発生しており、ショッピングセンターなどの人混みや、ホテルでの朝食時などはとくに気をつけましょう。貴重品は決して身体から離さず、人目にさらさないように。カメラやスマホを持ちながら歩くのは狙われやすいので危険です。夜は人通りの少ない場所をひとりで歩くことは避けたほうが良いでしょう。ヘルシンキ中央駅週辺、カンピ周辺など酔っ払いなどが多くいる場所、公園などはとくに気をつけましょう。

また、ヘルシンキ市には約5500のシェルター（ヴァエストンスオヤ）が公共施設や地下鉄駅、ホテルなどにあり、有事の際は観光客も利用できます。

緊急時の連絡先

警察/消防/救急　112

在フィンランド日本国大使館
（Japanin suurlähetystö）
Unioninkatu 20-22, 00130 Helsinki／09 6860 200／www.fi.emb-japan.go.jp/itprtop_ja/index.html／9:00（9〜5月9:30）〜12:00、13:30〜16:00（9〜5月16:30）、土・日曜・祝日休
MAP▶P.9　B-3

免税手続きについて

フィンランドの付加価値税は24%（食料品は14%、薬品や書籍は10%）ですが、免税手続きをすることで付加価値税の一部（最大16%）が払い戻されます。ただし、免税手続きが可能なのは「Tax Free」と表示された店で、1店舗で€40以上の買い物をした場合に限られており、商品が未開封であることが条件となります。買い物の会計時に「Tax free, please」などと免税希望である旨を伝えパスポートを提示すると、レシートのほかに「Tax Free Form」という書類を渡してくれますので、必要事項を記入しましょう。

ヘルシンキ・ヴァンター国際空港では、2023年3月現在、到着フロア1階のフードコート（レストランエリア）の隣に「グローバルブルー」と「プラネット」のTAX REFUNDカウンターがあります。買い物をした店で渡された書類を見て、どちらの会社かを確認して手続きを行いましょう（マリメッコはグローバルブルー、イッタラはプラネットなど、購入した店によって免税機関が異なります）。

この際に必要なものは、レシートと免税書類（Tax Free Form）、購入商品（未開封）、パスポート、帰国便の搭乗券（またはEチケット）です。さらに、還付をクレジットカードで受ける場合はクレジットカードも用意しましょう（手数料が無料になるのでおすすめ）。税関印が押されたレシートを受け取ったら手続き完了です。アジアへ向かう便が集中する夕方はとくに団体客などで免税カウンターが混み合うこともあるので、免税手続きをする場合は、余裕を持って空港へ行きましょう。

グローバルブルーとプラネット両方の免税カウンター。

フィンランドの祝祭日

1月1日	元日
1月6日	公現祭
3月29日	聖金曜日※（2024年）
3月31日	イースター（復活祭）※（2024年）
4月1日	イースターマンデー※（2024年）
5月1日	メーデー
5月18日	昇天祭※（2023年）
5月28日	ペンテコステ（聖霊降臨祭）※（2023年）
6月23日	夏至祭イヴ※（2023年）
6月24日	夏至祭※（2023年）
11月4日	諸聖人の日※（2023年）
12月6日	独立記念日
12月24日	クリスマスイヴ
12月25日	クリスマス
12月26日	ボクシングデー

※移動祝祭日：年によって日付が異なる

気候と服装

フィンランドは国土の3分の1が北極圏にあたるため、一年の半分以上、氷におおわれた寒い時期が長く続きます。春（4〜5月）は10℃を下まわる日が多いため、ジャケットが必要です。4月は氷が残っており足元が滑りやすく、5月でも雪が降ることが。

6〜8月は明るい時間が長く、6〜7月は23時頃まで明るい白夜が続きます。平均気温は15℃前後と過ごしやすく、7月は25℃近くまで気温が上がることも。寒い国のため、冷房を備えていないホテルも多く、この時期に滞在する場合は、予約時に冷房の有無を確認することをおすすめします。また、日差しが非常に強いので、サングラスや帽子、日焼け止めは必須。さらに雨が降ったり止んだり繰り返すこともあるので、薄手のフード付きジャケットと折り畳み傘があると安心です。

秋（9〜10月）は紅葉の見頃ですがかなり寒く、この時期もジャケットを忘れずに。冬（11〜3月）は日が短く、0℃を下まわる日が続き、太陽が一日も昇らない極夜が11〜12月にかけて訪れます。防寒着（腰下までのロングダウンジャケットがおすすめ）、ニット帽、手袋、マフラー、凍った道も滑りにくいウィンターブーツ、ウールの靴下などを用意し、防寒対策はしっ

		1月	2月	3月	4月	5月
ヘルシンキ	最高気温(℃)	-0.7	-1.3	2.3	8.1	14.6
	最低気温(℃)	-5.6	-6.3	-3.6	1.1	6.4
	日の出／日の入り時刻	9:22 15:23	8:36 16:30	7:21 17:43	6:48 20:00	5:19 21:15
ロヴァニエミ	最高気温(℃)	-7.3	-7.3	-1.9	4.1	11
	最低気温(℃)	-13.5	-13.3	-9.1	-3.4	2.5
	日の出／日の入り時刻	10:55 13:44	9:20 15:40	7:35 17:24	6:33 20:08	4:33 21:55

※気温は各月の平均最高・最低気温
（フィンランド気象庁 www.ilmatieteenlaitos.fi）。
日の出・日の入りは各月1日のもの

・湖や海が凍って、その上を歩くことができる季節。氷の厚さを確認してトライ！

・3月末から、イースターのためラム肉やネコヤナギ、マンミ(P.51)などが出まわる（〜4月）。

・冬休暇（スキー休暇）のため1週間ほどラップランドへスキーに行く人が多い。
・2月5日はルーネベリ(P.121)の日。
・ラスキアイスプッラ(P.50)が出まわる。

・野花を楽しめる季節（〜6月）。5月はヴオッコ（アネモネ）やチューリップ(Tulppaani)、6月はルピナスやライラックが満開に。

アネモネ

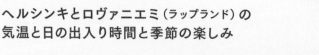

ライラック

ヘルシンキとロヴァニエミ（ラップランド）の気温と日の出入り時間と季節の楽しみ

かりと。ヘルシンキは海風が吹くと、実際の気温よりも体感温度が低く感じるのでご注意を！屋内は、どこもあたたかく外気温との温度差が大きいため、調整しやすく着脱しやすい服装がおすすめです。スカーフなども重宝します。乾燥対策もお忘れなく。

　また、国土が南北に長いので、首都ヘルシンキのある南部と、北部の内陸部とではかなり気温と日照時間に差があります。オーロラで有名なサーリセルカでは、冬の気温がヘルシンキより5〜10℃ほど低くなります。

上／夏は湖に森の木々と空が鏡のように映り込んだ素晴らしい景色が見られることも。右／ロヴァニエミにて、雪をまとった細く背の高い松の木が無数にある景色は圧巻！

	6月	7月	8月	9月	10月	11月	12月
	18.8	21.9	20.5	15.4	9.2	4.4	1.4
	11.2	14.5	13.5	9.3	4.2	0.4	-2.9
	4:08	3:59	4:57	6:12	7:23	7:40	8:54
	22:26	22:48	21:56	20:29	18:57	16:27	15:22
	17	20.1	17.2	11.1	3.1	-2.1	-4.9
	8.5	11.8	9.6	4.9	-1.3	-6.7	-10.6
	2:15	24h	3:51	5:46	7:24	8:12	10:10
	0:14	sun	22:55	20:48	18:49	15:49	14:00

・夏至祭（ヘルシンキのセウラサーリ島では、伝統イベントあり）。
・太陽が沈まない白夜（〜7月）。

・森はリンゴンベリー（コケモモ）、キノコのシーズン（〜9月）。

・オーロラ観測のシーズン（〜4月上旬）。

・太陽が地平線より上に昇らずもっとも暗い極夜（〜12月）。

・初旬に「ヘルシンキバルト海ニシンマーケット祭り」あり（約1週間）。
・10月4日はシナモンロールの日。
・紅葉が美しい時期。
・ヌークシオ国立公園で紅葉とキノコ狩りを楽しめる。

・クリスマスイルミネーションやマーケットでにぎわう。
・12月31日は花火の打ち上げなどがあることも。

・7月中旬から森はブルーベリー、湖はザリガニ（Rapu）のシーズン（〜10月）。ハイキングや湖で泳ぐならこの時期。

覚えておきたいフィンランド語

Moi!

ひと言会話

Hyvää huomenta
フゥヴァー フオメンタ
おはよう

Hyvää päivää
フゥヴァー パイヴァー
こんにちは

Hyvää iltaa
フゥヴァー イルター
こんばんは

Terve／Hei／Moi
テルヴェ／ヘイ／モイ
やあ

Kiitos
キートス
ありがとう

Ole hyvä／Ei kestä
オレフゥヴァ／エイ ケスタ
どういたしまして

Tervetuloa
テルヴェトゥロア
ようこそ
※店の入り口に書いてある

**Näkemiin／Hei hei／
Moi Moi／Moikka**
ナケミーン／ヘイヘイ／モイモイ／モイッカ
さようなら

Anteeksi
アンテークシ
すみません
※人に呼びかける時、人にぶつかった時など

Kyllä / Joo
キュッラ / ヨー
はい

Ei
エイ
いいえ

Nähdään pian
ナハダーン ピアン
またね！じゃあね！

Minun nimeni on ◯◯
ミヌン ニメニ オン◯◯
私の名前は◯◯です

Missä on vessa?
ミッサ オン ヴェッサ?
トイレはどこですか？

Saanko tämän?
サーンコ タマン?
これください

**Paljonko tämä
maksaa?**
パルヨンコ タマ マクサー?
これはいくらですか？

Herkullista
ヘルクリスタ
おいしい

Kippis!
キッピス!
乾杯！

Saanko laskun?
サーンコ ラスクン
お会計をお願いします

Apua
アプア
助けて！
※警察・救急・消防112番などで

Voitko auttaa?
ヴォイットコ アウッター
助けてください

Lokki
(ロッキ＝カモメ)

街や駅で

Sisään/Ulos
シサーン／ウロス
入り口／出口

Auki/Kiinni
アウキ／キーンニ
オープン／クローズ

Ale/Alennus
アレ／アレンヌス
セール／ディスカウント

Kellonaika (Klo)
ケッロンアイカ ※Klo12は「12時」
時間

Bussi/Linja-auto
ブッシ／リンヤアウト
バス

Lentokenttä
レントケンッタ
空港

**Juna-asema/
Rautatieasema**
ユナ アセマ／ラウタティエアセマ
駅

Bussiasema
ブッシアセマ
バスターミナル

Lippu
リップ
チケット、切符

Hissi
ヒッシ
エレベーター

Kauppa
カウッパ
店

Apteekki
アプテーッキ
薬局

Mies (M)
ミエス
男性

Nainen (N)
ナイネン
女性

Kirpputori/Kirppis
キルップトリ／キルッピス
フリーマーケット

Epäkunnossa
エパクンノッサ
故障中

Yksityinen
ウクシトゥイネン
プライベートエリア

Ei sisäänkäyntiä
エイ シサーンキャウンティア
立入禁止

AUKI

英語が通じるので基本的に英語で不自由なく問題ありませんが、高齢者をはじめ、田舎では英語が通じないことも。旅で知っておくと便利な言葉をまとめました。現地の言葉を使うと相手との距離もグッと縮みますよ！

カフェ、レストランで

日本語	フィンランド語	日本語	フィンランド語	日本語	フィンランド語
コーヒー	Kahvi カハヴィ	サラダ	Salaatti サラーッティ	ジャガイモ	Peruna ペルナ
ティー	Tee テー	ヨーグルト	Jogurtti ヨーグルッティ	マッシュポテト	Perunamuusi ペルナムーシィ
スモール	Pieni ピエニ	ハチミツ	Hunaja フナヤ	キノコ	Sieni シエニ
ラージ	Iso イソ	卵	Muna ムナ	アンズ茸	Kantarelli カンタレッリ
ビール	Olut オルット	チーズ	Juusto ユースト	ラズベリー	Vadelma ヴァデルマ
ワイン	Viini ヴィーニ	ミルク粥	Puuro プーロ	クラウドベリー	Lakka/Hilla ラッカ／ヒッラ
白ワイン	Valkoviini ヴァルコヴィーニ	ニシン	Silli シッリ	リコリス、甘草	Lakritsi ラクリッチィ
赤ワイン	Punaviini プナヴィーニ	牛肉	Naudanliha ナウダンリハ	オーガニック	Luomu ルオム
水	Vesi ヴェシ	豚肉	Sianliha シアンリハ	朝食	Aamiainen アーミアイネン
ジュース	Mehu メフ	鶏肉	Kana カナ	昼食	Lounas ロウナス
牛乳	Maito マイト	トナカイの肉	Poronliha ポロンリハ	夕食	Päivällinen パイヴァッリネン
オーツ麦ミルク	Kauramaito カウラマイト	ハム	Kinkku キンク	甘い	Makea マケア
ココア	Kaakao カーカオ	ソーセージ	Makkara マッカラ		
チョコレート	Suklaa スクラー	ベーコン	Pekoni ペコニ		

◎P.50～51のスイーツ、P.60～61のフィンランド料理もご参照ください。

Puuro（プーロ＝ミルク粥）↙

数字

0	Nolla ノッラ	6	Kuusi クーシ
1	Yksi ウクシ	7	Seitsemän セイッツェマン
2	Kaksi カクシ	8	Kahdeksan カハデクサン
3	Kolme コルメ	9	Yhdeksän ウフデクサン
4	Neljä ネリヤ	10	Kymmenen キュンメネン
5	Viisi ヴィーシ	11	Yksitoista ウクシトイスタ

曜日

月曜日	Maanantai (Ma) マーナンタイ	日曜日 Sunnuntai (Su) スンヌンタイ
火曜日	Tiistai (Ti) ティースタイ	週末 Viikonloppu ヴィーコンロップゥ
水曜日	Keskiviikko (Ke) ケスキヴィーッコ	
木曜日	Torstai (To) トルスタイ	
金曜日	Perjantai (Pe) ペルヤンタイ	
土曜日	Lauantai (La) ラウアンタイ	

INDEX

おわりに

初版を発売した2020年11月以降も、海外旅行が困難な状況が続いていましたが、多くの方々にこの本を読んでいただき、たくさんの素敵な感想をいただきました。また、この本でご紹介しているお店へ実際に本を持って足を運んでくださった方々もおられます。ありがとうございました。

本書には、最新情報をさらに盛り込みました。
フィンランドに移住して8年が経ち、今では私にとって大切な第2の故郷です。
コーディネーション業と執筆の仕事を通して、取材や撮影で日々さまざまな地に足を運び、多くの方々にお会いする機会に恵まれるこの仕事が、私は大好きです。

貴重な機会をくださったイカロス出版の皆さま、手厚いサポートをしてくださった編集の鈴木さん、素敵な本に仕上げてくださったデザイナーの千葉さんには、心から感謝いたします。
そして、取材に快く協力してくださったフィンランド全国の皆さん、いつも全力でサポートしてくれる夫、どんな時も応援しあたたかく見守ってくれる両親、家族に感謝しています。
本書では、フィンランドの素敵なところをギュッと凝縮してご紹介させていただきました。皆さんにとってフィンランドの旅が、素晴らしい想い出となりますように。

2023年4月
ヘルシンキより、感謝の気持ちを込めて
ラサネン優子

BEER HAWAI'I
～極上クラフトビールの旅
ハワイの島々へ

定価1,760円（税込）

太陽とエーゲ海に惹かれて
きらめきの国
ギリシャへ

定価1,870円（税込）

甘くて、苦くて、深い
素顔のローマへ
最新版

定価1,760円（税込）

アドリア海の
素敵な街めぐり
クロアチアへ

定価1,760円（税込）

南フランスの休日
プロヴァンスへ
最新版

定価1,980円（税込）

遊んで、食べて、
癒されて
タイ・プーケットへ

定価1,650円（税込）

癒しのビーチと
古都散歩
ダナン＆ホイアンへ

定価1,650円（税込）

美食の古都散歩
フランス・リヨンへ

定価1,760円（税込）

ダイナミックな自然と
レトロかわいい町
ハワイ島へ

定価1,980円（税込）

魅惑の絶景と美食旅
ナポリと
アマルフィ海岸周辺へ

定価1,760円（税込）

レトロな街で食べ歩き！
古都台南へ＆
ちょっと高雄へ
最新版

定価1,760円（税込）

新しいチェコ・古いチェコ
愛しのプラハへ
最新版

定価1,760円（税込）

ストックホルムと
小さな街散歩
スウェーデンへ

定価1,870円（税込）

愛しのアンダルシアを
旅して
南スペインへ

定価1,870円（税込）

エキゾチックが素敵
トルコ・
イスタンブールへ
最新版

定価1,760円（税込）

ヨーロッパ最大の
自由都市
ベルリンへ
最新版

定価1,760円（税込）

ロシアに週末トリップ！
海辺の街
ウラジオストクへ

定価1,650円（税込）

デザインあふれる
森の国
フィンランドへ

定価1,760円（税込）

大自然と街を
遊び尽くす
ニュージーランドへ

定価1,760円（税込）

グリーンシティで
癒しの休日
バンクーバーへ

定価1,760円（税込）

芸術とカフェの街
オーストリア・
ウィーンへ

定価1,760円（税込）

かわいいに
出会える旅
オランダへ
最新版

定価1,760円（税込）

心おどる
バルセロナへ
最新版

定価1,760円（税込）

食と雑貨をめぐる旅
悠久の都 ハノイへ

定価1,650円（税込）

※定価はすべて税込価格です。（2023年3月現在）

ラサネン優子
Yuko Räsänen

1982年生まれ。15歳で渡英。高校と大学教育の7年間、ロンドンで暮らす。2011年夏に訪れたフィンランドの自然とライフスタイルに魅了され、現地企業で仕事を得て、単身移住。2015年より、ヘルシンキ市内の自然が美しいラウッタサーリ島在住。コーディネーションオフィスを経営し、メディアや企業視察など、フィンランド及びヨーロッパと日本をつなぐコミュニケーション全般に携わる。また、ライターとして、雑誌や書籍でフィンランドの社会やライフスタイル、暮らしの様子を執筆。YouTubeチャンネル「Moi Finland モイフィンランド」にて、ヘルシンキの街歩きや自然など、癒しの風景を美しい映像で配信している。

yukorasanen.fi
YouTube: Moi Finland
Instagram: @yukorasanen

文・写真・イラスト (P.3・176)
ラサネン優子

デザイン・イラスト (特記以外)
千葉佳子 (kasi)

マップ
ZOUKOUBOU

編集
鈴木利枝子 (最新版)、坂田藍子 (初版)

デザインあふれる森の国 フィンランドへ
最新版

2023年4月25日　初版発行

著者　　　ラサネン優子
発行者　　山手章弘
発行所　　イカロス出版株式会社
　　　　　〒101-0051
　　　　　東京都千代田区神田神保町1-105
　　　　　電話　03-6837-4661 (出版営業部)
　　　　　メール　tabinohint@ikaros.co.jp (編集部)

印刷・製本所　図書印刷株式会社

旅のヒントBOOK SNSをチェック！